W0472737

L'EDUCATION D'UN PRINCE

GILBERT KIRSCHEN

L'EDUCATION D'UN PRINCE

Entretiens avec le Roi Léopold III

Didier Hatier

Copyright © by Didier Hatier, Bruxelles, 1984
18 rue A. Labarre - 1050 Bruxelles
Diffusion en France : Hatier, Paris
La loi du 11 mars 1957 n'autorisant, aux termes des alinéas 2 et 3 de l'Article 41, d'une part, que les « copies ou reproductions strictement réservées à l'usage privé du copiste et non destinées à une utilisation collective » et, d'autre part, que les analyses et les courtes citations dans un but d'exemple etd'illustration, « toute représentation ou reproduction intégrale, ou partielle, faite sans le consentement de l'auteur ou de ses ayants-droits ou ayants-cause, est illicite » (alinéa 1er de l'Article 40). Cette représentation ou reproduction, par quelque procédé que ce soit, constituerait donc une contrefaçon sanctionnée par les Articles 425 et suivants du Code Pénal.

Dépôt légal 1984/3030/9
ISBN 2-87088-531-8

Nous exprimons toute notre gratitude envers la Princesse Liliane qui nous a autorisés à reproduire les lettres et photographies extraites des archives d'Argenteuil.

Vers la fin de l'année 1976, j'ai prié le Roi Léopold de m'accorder quelques entretiens consacrés à son éducation et à sa formation.

Le Roi a bien voulu accéder à ma demande et il m'a reçu une dizaine de fois à Argenteuil.

J'ai ensuite soumis mes notes au Roi qui, avec l'assistance de son aide de camp, le Colonel baron Philippe van Caubergh, les a revues et corrigées. Afin d'éviter tout ce qui aurait pu donner lieu à polémique, il fut alors convenu que ce texte ne serait pas publié du vivant du Roi.

Gilbert KIRSCHEN

Chapitre I

PELERINAGE AUX SOURCES

Le 21 juillet 1831, Léopold de Saxe-Cobourg-Gotha, premier roi des Belges, prête à Bruxelles le serment constitutionnel.

D'où vient donc la Belgique, et qui est ce roi ?

Si Jules César connaissait déjà les Belges et leur attribuait une bravoure imputable, selon lui, à leur sauvagerie, la Belgique elle-même n'était encore, à l'aube du quatorzième siècle, qu'une mosaïque de duchés, comtés et marquisats que la loi féodale et les intérêts commerciaux liaient ou rattachaient à l'un ou l'autre de ses grands voisins. Elle est, en fait, l'œuvre des Ducs de Bourgogne, Philippe le Hardi, Jean sans Peur, Philippe le Bon et Charles le Téméraire, qui, au XIVe et XVe siècles, réunirent par héritages, conquêtes et achats la plupart des territoires compris actuellement dans les limites de la Belgique et des Pays-Bas.

Les joignant au Duché de Bourgogne, ils en firent un Etat qui, proche à la fois du Rhin et de la Seine, constitua un des hauts lieux de la civilisation et de la culture de cette époque.

Prospères et frondeuses, ces provinces entreront, par un jeu extraordinaire de successions, dans l'apanage de Charles-Quint, né d'ailleurs à Gand. Le partage de l'Empire de Charles-Quint et les remous insoupçonnés de la Réforme provoquèrent l'éparpillement de l'Etat bourguignon; les Pays-Bas deviennent une étrange république calviniste tandis que la Belgique reste fidèle à ses souverains légitimes, les Habsbourg, de Madrid d'abord, de Vienne ensuite.

Pendant deux siècles, la Belgique est alors à la fois l'enjeu des guerres et le champ clos où s'affrontent troupes françaises et impériales, anglaises et hollandaises. La France révolutionnaire l'emporte à Jemappes et à Fleurus et annexe la Belgique dont sont enfin rompus les liens avec les Habsbourg.

Capricieuse, la victoire change de camp et les négociations qu'après la débâcle de Russie, Napoléon mène avec les coalisés, échouent sur le sort de la Belgique que l'empereur ne veut et ne peut abandonner.

N'a-t-il pas, dans la tradition de Louis XIV, voulu établir la France dans les limites de ses frontières naturelles et de leurs glacis ?

Les coalisés, vainqueurs en 1814, s'empressent de séparer la Belgique de la France pour la rattacher aux Pays-Bas, espérant constituer ainsi sous la maison d'Orange un Etat assez puissant pour résister à l'expansionnisme français. Cet Etat, miné par la maladresse d'un gouvernement hollandais exagérément centralisateur, ne résiste pas au vent de la liberté qui en 1830 souffle sur l'Europe entière.

Leur patriotisme catalysé par la représentation de l'opéra La Muette de Portici, *les bourgeois de Bruxelles quittent le Théâtre royal de la Monnaie en chantant le grand air « Amour sacré de la patrie », s'en vont saccager l'hôtel d'un ministre et briser les vitres d'un journal gouvernemental. En quelques jours l'émeute devient une révolution qui enflamme tout le pays, dont les Hollandais sont bientôt chassés.*

Sans doute avons-nous bien taillé, se disent les bourgeois catholiques et libéraux qui provisoirement gouvernent le pays, mais il nous faut maintenant recoudre, c'est-à-dire nous transformer en une monarchie constitutionnelle, car la Sainte Alliance n'aime guère les républiques.

A la recherche d'un roi, et aussi d'un allié contre un retour en force des Hollandais, les Belges se tournent d'abord vers la France où Louis-Philippe, monarque libéral, vient d'accéder au trône. Son fils, le duc de Nemours, est élu roi des Belges par le Congrès National, mais l'Angleterre fronce les sourcils : elle ne peut tolérer qu'en Belgique règne le fils ou le frère du roi des Français. Prudent, Louis-Philippe se résigne. Le choix du Congrès National se porte dès lors sur le candidat britannique, Léopold de Saxe-Cobourg-Gotha. Louis-Philippe aura cependant sa revanche : sa fille sera reine; la princesse Louise-Marie d'Orléans épouse en effet Léopold Ier, roi des Belges.

G.K.

Le Roi LÉOPOLD : Léopold Ier, mon arrière-grand-père, est un héros romantique à l'état pur. Souvenez-vous de Gérard Philippe dans *Le Prince de Hombourg* et sachez qu'ici encore la réalité l'emporte de loin sur la fiction.

Il naît en 1790 dans la branche cadette de la famille régnant sur la principauté de Cobourg, lors de ce bourgeonnement du romantisme allemand qu'on appellera *Die Sturm und Drang Periode.*

Léopold est passionné de littérature, de peinture et de musique; Cobourg ne sera rapidement plus à sa mesure et il va découvrir le monde, rencontrer Goethe et Schiller, chasser le cerf dans les monts Altaï. Ami et aide de camp du Tsar Alexandre Ier, il sera à ses côtés sur le radeau de Tilsitt. Napoléon l'invite aux Tuileries, tente vainement de se l'attacher et dira plus tard : « C'est le plus beau jeune homme que j'aie recontré ».

Il sert le Tsar tant en guerre qu'au Congrès de Vienne, cette grande première de diplomatie internationale qui lui permettra de se familiariser avec tous les aspects de la politique européenne.

Sur la route de l'Angleterre, il s'arrête à Waterloo et y écrit un poème, puis retrouve à Londres sa sœur la duchesse de Kent, mère d'une petite Victoria, jeune princesse encore loin du trône dont l'héritière est à ce moment Charlotte, fille de George IV. Celle-ci est fiancée au prince d'Orange, fils du roi des Pays-Bas et le gouvernement britannique voit avec faveur cette union qui consolidera les liens entre l'Angleterre et un pays ami.

Vains calculs. Entre Charlotte et Léopold c'est, dès leur première rencontre, l'amour, l'amour fou et un mariage heureux.

Léopold façonne son épouse, lui apprend les langues et lui donne la passion des œuvres d'art. Il aménage et meuble pour elle, avec un goût exquis, le château de Claremont où bien plus tard, Louis-Philippe exilé finira ses jours.

C'est le bonheur. Léopold est aimé et admiré en Angleterre et en outre Charlotte ne veut pas qu'il ne soit que son prince consort, elle entend qu'il règne avec elle.

C'est le malheur. En 1817, Charlotte meurt en couches et Léopold désespéré promène à travers l'Europe le chagrin d'un prince romantique atteint par l'adversité.

Il refuse le trône de Grèce, mais, sur l'invitation pressante du gouvernement britannique, devient roi des Belges et épouse la princesse Louise-Marie, fille du roi des Français. Mariage de raison : on parle toujours en Belgique de la « bonne reine Louise-Marie », mais ses lettres quotidiennes à sa mère révèlent surtout une intelligence vive et acerbe sans montrer d'intérêt pour la Belgique ni de grand amour pour son mari.

Le lendemain de son mariage, Louise-Marie écrit à sa mère que Léopold, dans un moment d'expansion, l'avait appelée « *Liebchen* », ce qui lui parut affreux... Ce n'est que quelques années plus tard qu'elle tombera amoureuse de son mari qui tout simplement lui répondra « *Too late* — Trop tard ».

Mon arrière-grand-mère Louise-Marie me rattache à la famille d'Orléans et plus loin encore aux Bourbons, aux Capétiens. Si je voulais procéder à l'analyse de mon patrimoine génétique — hypothèse biologiquement absurde mais amusante — je m'intéresserais peu, sans doute, aux gênes de Louis XIV ou de Philippe-Egalité, mais je recueillerais avec déférence et curiosité le legs éventuel de Saint Louis.

En 1840 Louise-Marie meurt fort jeune, de chagrin ou de tuberculose, et laisse à Léopold le soin d'élever leurs trois enfants : Léopold II, Philippe comte de Flandre, mon grand'père, et Charlotte qui épousera l'archiduc Maximilien le malheureux empereur du Mexique.

Léopold éprouve beaucoup de tendresse pour son fils Philippe en qui il retrouve son goût des livres, sa passion de la chasse.

Il adore sa fille Charlotte qui porte le nom de sa première épouse et dont l'intelligence aussi vive que précoce le ravit. Les lettres que plus tard elle lui adressera du Mexique sont remarquablement écrites et elle y porte, sur la situation de son malheureux empire, des jugements dignes d'un homme d'Etat.

Léopold Ier lui avait déconseillé cette funeste aventure mexicaine où l'empereur Maximilien son mari, lâché par Napoléon III et Bazaine, finira fusillé à Queretaro en 1867 tandis qu'elle perdra la raison. Elle lui a survécu pendant soixante ans et j'allais avec mes parents la voir au château de Bouchout lors de ses anniversaires. Aucune conversation n'était possible : elle se taisait comme un enfant boudeur ou tentait de jeter des objets à la tête de ses visiteurs.

« Charlotte ! » tel fut le dernier mot prononcé par Léopold Ier sur son lit de mort en 1865. Songeait-il à sa fille ? Je crois plutôt qu'il évoquait sa première épouse, la princesse Charlotte, car c'est auprès d'elle, en Angleterre, qu'il voulait être inhumé. Ce vœu, vous le savez, vous le comprenez, ne put être exaucé : jusque dans la tombe, les rois sont moins libres que les simples citoyens. Ils appartiennent à l'Etat.

***

Léopold Ier ne s'est pas contenté de régner. Il a effectivement gouverné et ses ministres ne pouvaient écrire une lettre importante sans la lui avoir préalablement soumise.

Tout en tenant compte de l'opinion publique et des majorités parlementaires, il pousse souvent à la constitution d'un gouvernement d'union nationale, qu'il peut mieux influencer qu'un ministère de parti.

Son autorité s'affirme surtout sur le plan international où le favorisent ses relations personnelles et surtout ses liens de famille cordiaux et confiants avec sa nièce la reine Victoria, liens qui se resserreront encore par le mariage de Victoria avec son neveu Albert de Saxe-Cobourg.

C'était la troisième union entre les Saxe-Cobourg et la famille royale britannique : la mère et le mari de Victoria sont des Saxe-Cobourg et la princesse Charlotte, cousine de Victoria, avait épousé Léopold Ier. A l'époque ces unions avaient évidemment une portée politique.

La réussite de Léopold Ier est incontestable : la Belgique est admise dans le concert européen et surtout il implante dans notre pays un régime stable de monarchie constitutionnelle.

Pourquoi a-t-il réussi là où a échoué son beau-père Louis-Philippe, roi des Français ?

Ils ont tous deux entamé à peu près à la même époque leurs expériences de monarques constitutionnels dans des pays voisins dont les conditions économiques, sociales et culturelles étaient semblables.

La monarchie de Juillet n'a duré que dix-huit ans et la France a depuis lors connu la IIe République, le Second Empire, la IIIe République, l'Etat français, les IVe et Ve Républiques, alors que le régime politique belge ne s'est pas modifié pendant près d'un siècle et demi.

N'attribuons pas à mon trisaïeul Louis-Philippe personnellement la responsabilité de son échec : habile et avisé il bénéficiait d'une vaste expérience et n'a pas, à mon avis, commis de faute majeure. Mais dès son avènement il dut lutter contre les trois fantômes du passé et faire face aux oppositions légitimistes, républicaines et bonapartistes.

La Belgique était par contre une terre politiquement vierge : nul n'y songeait plus aux lointains Habsbourg, tandis que la République et l'Empire évoquaient seulement les fâcheux souvenirs de la persécution des prêtres, des assignats, de la conscription et de la guerre.

Prisonnière de son passé, la France succombe sous le poids de son histoire riche et châtoyante. Je me demande même, entre parenthèses, si ces quatre courants ne survivent pas toujours dans la France contemporaine : Pétain exploitait la tradition légitimiste, la gauche reste fidèle à l'idéal républicain, de Gaulle par le prestige du militaire et le recours aux plébiscites me paraît dans la lignée de deux Bonaparte et M. Giscard d'Estaing nous donne, par son libéralisme avancé, l'image d'un certain orléanisme.

*
**

Les relations entre Léopold Ier et son fils aîné, le futur Léopold II, étaient mauvaises. Sans doute s'agissait-il de torts partagés : se sentant rejeté par ses parents, le fils se complut assez tôt à contredire systématiquement son père et fit preuve d'un caractère difficile qu'aigrit encore l'insuccès d'un mariage de raison.

Père et fils en arrivèrent à ne plus se parler, à correspondre par de petits billets griffonnés au crayon puis par lettres qu'ils adressaient l'un et l'autre au Vicomte Conway, un Anglais que Léopold Ier avait nommé grand maréchal de la Cour.

Lisez ceci : Léopold Ier écrit le 18 avril 1860 à Conway que son fils l'irrite par sa démangeaison d'aller à Paris et qu'il finira par lui interdire de tels déplacements.

Ailleurs c'est le fils qui fournit à Conway pour son père des explications sur sa présence à un spectacle dont la légèreté avait suscité les critiques du Père Deschamps, futur cardinal et primat de Belgique.

Les problèmes d'argent préoccupent souvent le futur Léopold II et il s'inquiète notamment auprès de Conway du remboursement des cadeaux qu'il offrira lors d'un voyage officiel.

Si je vois dans Lépolod Ier l'incarnation séduisante du prince romantique, Léopold II à son tour épousera son époque : celle du grand capitalisme de la fin du XIXe siècle; apercevant le rôle que peut jouer l'argent, il sera financier autant que bâtisseur. Nous y reviendrons à propos du Congo.

Mon père, le roi Albert, ne sera ni un romantique, ni un homme d'affaires, mais un scientifique marquant — sa bibliothèque le révèle — un intérêt particulier pour les mathématiques et pour les sciences sociales auxquelles l'initieront ses amis Waxweiler et Ernest Solvay. Mon père avait aussi une solide culture philosophique et il donna même à ma sœur quelques cours de cette discipline.

Par contre il manifestait moins d'intérêt pour l'art. Il fut ainsi fort surpris qu'un de ses ministres, nommé Gouverneur de la Flandre Occidentale, le remerciât de pouvoir dès lors habiter Bruges, ville d'art. Une telle considération ne lui serait jamais venue à l'esprit.

⁂

Puisque l'objet principal de nos entretiens est l'éducation d'un prince, je devrais, pour raconter mes jeunes années, changer de registre et emprunter le style de la Comtesse de Ségur pour vous décrire des petits enfants bien sages allant en voiture attelée, tous les jeudis après-midi, chez leur grand'mère, la Comtesse de Flandre; après le goûter on tendait une nappe blanche devant un des murs du salon et nous regardions, muets d'admirations, les films de l'époque, *L'arroseur arrosé* ou *L'assassinat du duc de Guise*.

Mes grands-parents habitaient l'hôtel situé au coin de la place Royale et de la rue de la Régence, où se trouve aujourd'hui le siège central de la Banque de Bruxelles[1]. Mes parents y ont séjourné pendant la première année de leur mariage, puis se sont installés dans l'hôtel d'Assche, rue de la Science. J'y suis né ainsi que mon frère tandis que ma sœur vint au monde, au début d'un mois d'août, à Mariakerke.

La maison était vaste et nous trouvions beaucoup de plaisir à y jouer avec nos amis Lebœuf, les neveux du médecin de nos parents.

Mon père aimait la marche et m'emmenait, moi trottinant derrière lui, en de longues promenades par la rue Belliard, le parc du Cinquantenaire, l'avenue de Tervueren, pour aboutir heureusement à un carrefour

(1) C'était exact au moment des entretiens, mais la Banque de Bruxelles, aujourd'hui Banque Bruxelles-Lambert, a quitté la rue de la Régence.

de la Forêt de Soignes où nous retrouvions sa voiture.

J'avais quatre ans lors de la mort du Comte de Flandre, mon grand' père. Je me souviens qu'il m'avait grondé pour lui avoir un jour marché sur les pieds alors que nous faisions quelques pas rue de la Régence. Sa surdité profonde l'avait affecté et l'avait rendu irritable. Mon père le regrettait et entretenait de meilleurs rapports avec son oncle Léopold II qu'avec son propre père.

Je n'ai vu Léopold II qu'à deux occasions. Ce fut d'abord en 1905 pendant la cérémonie, au Palais de Justice de Bruxelles, destinée à commémorer le 75e anniversaire de la Belgique.

C'était, je pense, à quatre ans, ma première apparition officielle et je portais une petite culotte noire et une blouse en soie blanche. Cette tenue, ravissante aux yeux des autres, mais haïssable aux miens, me préoccupa plus que la présence du roi.

Notre seconde rencontre eut lieu au Chalet royal d'Ostende. Il me tapota paternellement la joue, puis me recommanda : « Il faut être sage et bien manger. »

Léopold II fut sans doute la victime de cette fascination que la très vieille dynastie impériale des Habsbourg exerçait sur toutes les maisons princières. Il avait assisté à la fin tragique du mariage de sa sœur Charlotte avec Maximilien de Habsbourg, empereur du Mexique. Il épousa lui-même l'archiduchesse Marie-Henriette, seconde reine des Belges, mais il n'y eut jamais entre eux ni amour ni mêmes goûts. Plus tard, il se réjouit du mariage de sa fille Stéphanie avec l'archiduc Rodolphe, héritier de l'Empereur François-Joseph, mais hélas ce mariage se terminera dramatiquement par le suicide de Rodolphe à Mayerling.

Moi-même je n'ai connu les Habsbourg qu'après la chute de l'empire austro-hongrois, lorsque l'ex-impératrice Zita et ses nombreux enfants vivaient à Steenokkerzeel, près de Bruxelles.

On ne parla jamais en famille de la vie sentimentale de Léopold II. Mes parents estimaient que la vie privée de leur oncle ne les concernait pas et qu'ils devaient la respecter. La vie, sans l'affection d'un être cher, peut être intolérable pour tout homme et au lieu de porter des jugements téméraires, il vaudrait mieux tenter de comprendre combien spéciale, combien difficile peut être la position d'un roi ou d'un prince.

Mon père avait deux sœurs, Henriette et Joséphine. Joséphine épousa le prince Charles de Hohenzollern et, devenue veuve, entra dans les ordres, d'abord en Allemagne puis au couvent du Coquelet près de Namur. Elle était très gaie, disait avec humour tout ce qui lui passait en tête — voire des polissonneries — et était très entourée de l'affection générale.

Ma tante Henriette avait épousé le duc Emmanuel de Vendôme et nous passions, toute notre famille et Joséphine, nos vacances aux Amerois (entre Florenville et Bouillon) chez les grands-parents.

Mais ces vacances étaient en partie studieuses, car la gouvernante des enfants Vendôme nous faisait répéter tous les matins notre grammaire française. C'était Melle de Saint-Exupéry, tante de l'auteur de *Vol de nuit* et du... *Petit Prince*. Comme dans toutes les familles, certaines plaisanteries étaient traditionnelles et on se faisait des clins d'yeux lorsque l'oncle Emmanuel de Vendôme racontait pour la dixième fois comment il avait tué un sanglier à coups de couteau, ou lorsqu'il trouvait tous les prétextes imaginables pour refuser de monter dans la « Germain » carrossée « sport » — c'est-à-dire deux baquets sur un châssis — que mon père pilotait trop vite au gré de son beau-frère. Nous faisions l'après-midi de grandes promenades dans les bois et allions parfois boire du chocolat chez Scheys, un garde-chasse.

Un jour nous sommes allés tous goûter chez un fermier du voisinage et mon grand'père présidait dans la cuisine une large table bien garnie. Mon père, par malice, souleva le loquet d'une porte : on vit alors déboucher quatre ou cinq vigoureux porcs qui foncèrent à travers tout et renversèrent la table. Vous pouvez imaginer la colère de mon grand' père.

Après la mort de Léopold II, nous partagions aussi nos vacances entre Ostende et Ciergnon. Les Amerois furent, eux, achetés par un marchand de bois et nous avons beaucoup craint pour la superbe haie d'épicéas. Mais Pierre Solvay, l'actuel propriétaire, m'a fait récemment visiter le domaine qui a conservé tout son charme.

J'ai aussi, comme beaucoup de Belges, passé des vacances au bord de la mer du Nord. C'est là que mon père m'apprit, comme tous les pères, à rouler à bicyclette en me tenant par la selle jusqu'à ce que j'eusse acquis une vitesse suffisante. Le premier essai fut raté et les cailloux de la route n'étaient pas doux.

Avant la première guerre, nous passions chaque année des vacances dans la famille de ma mère, en Bavière ou au Tyrol, où mon père se livrait à son sport favori. Mais vous finirez par vous imaginer que tout notre temps était consacré aux loisirs. Ce serait mal connaître mon père.

Mon frère et moi avions salué avec joie le départ de notre dernière gouvernante, mais nous avons dû rapidement déchanter : notre premier gouverneur avait servi avec mon père au régiment des Grenadiers et nous agaçait par sa raideur militaire, son souci du détail, ses vêtements toujours empesés, son manque d'humour ! Il fut remplacé par deux gouverneurs : l'artilleur André De Groote et le cavalier de Nève de

Roden qui commanda en 1940 le corps de cavalerie. Ces hommes jeunes, gais et brillants, nous ont inspiré une grande sympathie et je leur dois beaucoup de moments heureux.

Les gouverneurs portaient la responsabilité de notre éducation, mais l'enseignement nous était dispensé par des professeurs. M. Armand Poissanger, liégeois et assez solennel, fut le responsable de nos études secondaires. Vital Plas, petit homme rondouillard et joyeux libéral, peut-être même franc-maçon, avait été chargé de nos études primaires et y adjoignait spontanément les rudiments de la balle pelote et du football.

Mon père faisait la plus grande confiance à Vital Plas, auquel il donna, alors que j'avais huit ou dix ans, des instructions écrites pour mon éducation.

« Je ne désire pas que mes enfants aient le goût des chevaux, ni celui de la chasse. La pêche, s'ils veulent. Qu'ils fassent des sports : gymnastique, natation, tennis. Je désire qu'ils aient des connaissances pratiques dans tous les domaines, mais qu'ils soient élevés comme le seraient des fils de bourgeois, des enfants du peuple.

Développez chez eux le sens de l'observation et de la mémoire. Donnez-leur, chaque jour, des leçons de choses : qu'ils apprennent à connaître la vie des plantes, des animaux, avant celle des hommes.

Ils doivent être courageux. Qu'ils n'aient pas peur de l'obscurité, par exemple; que plus tard, ils n'aient peur de rien. Ils ne doivent pas craindre, non plus, de dire la vérité. Quand ils n'auront pas rempli leur tâche, vous les enverrez me le dire eux-mêmes.

Il faut qu'ils travaillent : un bulletin hebdomadaire, qu'ils m'apporteront en personne, me le dira. Ils seront récompensés ou punis en conséquence.

Je voudrais que vous développiez leur sens de la mémoire : ils auront plus tard à retenir les noms de beaucoup de monde qu'ils auront à recevoir. Je ne veux pas qu'ils se trompent. Cela peine les gens, et il ne faut pas.

Exigez une grande ponctualité : ils apprendront à ne pas faire attendre en prenant l'habitude d'être eux-mêmes ponctuels.

Une indication encore : qu'ils s'imprègnent de cette idée qu'il ne faut pas remettre au lendemain ce qu'on peut faire le jour même, et qu'il convient de montrer de l'initiative et de l'activité en toutes choses.

Enfin, qu'ils sachent se servir eux-mêmes.

J'ai horreur, Monsieur Plas, de me faire servir, mais je ne parviens pas suffisamment encore à me débrouiller seul.

Savez-vous allumer un feu de bois, dites-moi ? Et l'entretenir.

Oui... Parfait ! Vous l'apprendrez à Léopold. Ainsi quand je laisserai éteindre mon feu, je n'aurai plus besoin d'appeler. Il m'aidera. »

Palais d'Anvers 16 sept 1914

Chers enfants,

Je vous embrasse tous les trois de tout mon coeur. Merci beaucoup de vos gentilles lettres qui m'ont fait tant de plaisir. Ici tout va bien. Papa a toujours beaucoup a faire mais heureusement il n'a pas été blessé comme on le disait dans les journaux. Vous avez du être heureux comme nous des brillantes nouvelles des troupes Anglo-Françaises! — Je vais souvent voir les blessés qui sont très nombreux maintenant et ils me racontent des choses très intéressantes sur les dernières batailles autour de Louvain etc. Hier j'ai vu Mr Degroote qui se porte très bien. Nous avons eu hier aussi des nouvelles du Dr Maloens qui est à l'hopital de Lierre fort blessé mais en bonne voie. Il se trouvait d'abord au fort de Barchon et quand ce fort a été pris il s'est enfermé au fort de Loncin avec le général Leman où il a été blessé quand ce fort a sauté. ——

Je viens de voir l'attaché militair Inglais qui me dit qu'un sac de lettres sera expédié ce soir pour l'Angleterre. Il part dans 20 minutes. Je dois donc vite finir ma lettre.

Je vous embrasse tous les trois encore une fois très tendrement.

Il faut dire à Lord Curzon et à ses filles „many greetings" de ma part.

Je remercie Miss Hammersley de ces lettres et des très amusantes et bonnes photographies qu'elle m'a envoyées.

Mes bons souvenirs à M. Ham. et Mr de Nève.

Maman

01. 11. 14

Mon cher Léopold,

Je te souhaite de tout cœur une bonne fête et regrette d'être loin de toi en ce jour.

Merci de tes lettres qui sont toujours très affectueuses et me causent chaque fois une vive joie.

J'espère que tu es sage, il faut bien travailler et beaucoup s'appliquer à l'étude, les temps sont durs et seuls ceux qui ont de l'énergie, réussiront.

Je t'embrasse, cher Léopold, ainsi que le frère et la sœur,

toujours

Ton dévoué papa

Albert

Furnes, le 1 novembre 1914

X mardi 27 oct. 1914

Chers enfants,

Ce matin il y a quelqu'un qui part pour Dunkerque qui pourra prendre cette lettre. J'écris donc vite quelques mots. Il est 6 1/2 du matin on entend le canon, comme d'ailleurs tous les jours. Mais aujourd'hui c'est d'un autre côté puisque nous avons changé d'endroit hier. Jusqu'ici nous étions à la côte où on entendait les deux bombardements, de terre et de mer. Nous voyions même les bateaux qui tiraient et le feu

sortir du canon. Le bruit était quelques fois formidable.
Nous sommes maintenant plus à l'intérieur du pays, toujours en Belgique que nous ne quitterons pas tant que nous pourrons y garder même un pied seulement. — Tout est rempli de troupes. On rencontre Belges, Français, Anglais, Arabes, Sénégalais, un mélange invraisemblable. Il y a des campements énormes de Goumiers dans leurs costumes de la bas ~~sous~~ des tentes en couleurs. Les chevaux ont des grandes selles rouges avec hauts dossiers. On ne sais

vraiment plus où on est grand on voit tout cela. Maintenant je voudrais encore voir les Indiens. Si la guerre n'était pas si affreusement triste! — il y a des spectacles merveilleusement beaux et artistiques. Je regrette souvent que nous n'ayons pas un artiste avec nous.
Hier j'ai encore reçu de vos lettres. Je vous embrasse et vous remercie. Nous étions très tristes de ne pas avoir Charles près de nous le 10 octobre. J'ai tant pensé à toi ce jour là surtout, mon cher petit Charles. J'avais des petites billes en verre pour toi que tu aimes tant, pas moyen de te les faire parvenir à temps. Puis nous

avons du partir tous vite et tous nos bagages ont été séparés.
A la prochaine occasion j'enverrai quelque chose mais nous sommes campés dans des endroits où on ne trouve rien.
C'est très bien que Léopold est allé voir les soldats blessés et les réfugiés.

En grande hâte — je vous embrasse tous les trois de tout coeur. Papa va très bien et vous embrasse aussi

maman

Chapitre II

UN ADOLESCENT DEVANT LA GUERRE

Les grandes puissances, assumant le rôle — une fois n'est pas coutume — des bonnes fées, déposèrent dans le berceau de la Belgique nouvellement née, un statut de neutralité.

Par la déclaration de Londres du 20 janvier 1831 et par le traité du même nom, du 19 avril 1839, la France, la Prusse, l'Angleterre, l'Autriche et la Russie imposaient d'une part cette neutralité à la Belgique et d'autre part la lui garantissaient.

Ces cinq puissances faisaient certes preuve à la fois de précocité et d'imagination, d'abord en confiant la Belgique aux Belges — ce qui à l'époque pouvait paraître révolutionnaire — et aussi en dotant d'un statut juridique particulier et durable cette contrée qui avait fait l'objet de tant de convoitises.

Guerre de cent ans, guerre de trente ans, guerre de sept ans... tels sont les refrains de nos manuels d'histoire. Un grand chapitre de Belgique devrait, par contre, être intitulé « La Paix de quatre vingt-trois ans », puisque la neutralité belge fut respectée de 1831 à 1914.

Le fait est exceptionnel : une paix d'aussi longue durée et fondée ni sur l'asservissement, ni sur l'équilibre dans la terreur, mais sur la seule foi d'un traité

La dynastie et les hommes politiques belges eurent évidemment la préoccupation constante de maintenir cette neutralité qui acquit bientôt aux yeux des Belges et des étrangers la valeur d'un dogme : les Belges étaient et se sentaient aussi profondément neutres que les Suisses.

Napoléon III fut à l'origine de la seule alerte sérieuse : cherchant à compenser les progrès réalisés par Bismarck dans l'unification de l'Allemagne, il entreprit, selon la formule dédaigneuse du chancelier, « une politique de pourboires » en lui demandant son accord sur l'annexion de la Belgique par la France. Bismark fit échouer ce projet en le révélant au roi des Belges. Ce dernier en fit part à la reine Victoria et la réaction du gouvernement britannique tua le projet dans l'œuf.

La neutralité de la Belgique n'impliquait pas son désarmement et ses souverains firent sans relâche pression sur les ministres, les parlementaires et l'opinion publique afin que soient érigées des fortifications à Anvers, Liège et Namur, et afin que le service militaire personnel et obligatoire remplace le système désuet et odieux du tirage au sort avec possibilité de remplacement. Cette loi fut votée en 1909 et le roi Léopold

Il eut la satisfaction de la signer sur son lit de mort. « Le roi est content », *dit-il, puisqu'il avait pris l'habitude de parler de lui-même à la troisième personne.*

Le gouvernement belge, réuni en conseil sous la présidence du roi Albert, rejette le 3 août 1914 l'ultimatum réclamant le passage par la Belgique des troupes allemandes marchand vers Paris et la Belgique est envahie le 4 août 1914.

Nous sommes aujourd'hui blasés et avons peine à imaginer l'intensité de l'indignation suscitée dans le monde entier par cette invasion d'un pays neutre.

Ainsi les hésitations du gouvernement britannique à entrer en guerre contre l'Allemagne sont balayées par la révolte de l'opinion publique.

En Belgique, le roi Albert est acclamé par le Parlement lorsqu'il justifie la décision de son gouvernement, puis, conformément à la Constitution, prend pour la durée de la guerre le commandement de l'armée.

Les troupes belges résistent à Liège, puis se replient sur la position fortifiée d'Anvers d'où elles effectueront des sorties afin d'alléger la pression des forces allemandes sur le front français.

Après la victoire de la Marne, c'est « la course à la mer » des troupes alliées et allemandes. L'armée belge s'échappe d'Anvers, doit abandonner les 95 % du territoire national, et s'installe sur l'Yser où elle résiste victorieusement aux furieux assauts allemands d'octobre 1914 et tient, pendant quatre dures années, le secteur nord du front allié.

Le roi Albert reste en Belgique parmi ses troupes tandis que le gouvernement belge se replie à Sainte-Adresse près du Havre.

Militaires ou civils, hommes et femmes, vieillards et enfants, nul n'échappe à la guerre.

G.K.

Le Roi LÉOPOLD : J'avais douze ans en août 1914 et pour l'enfant que j'étais, la gravité de la situation internationale et la montée des périls s'étaient traduites par l'ajournement de notre traditionnel départ en vacances, au lendemain de la fête nationale du 21 juillet.

C'est à Laeken très tôt le matin que ma mère nous réveilla pour nous annoncer l'invasion allemande. Je n'oublierai jamais combien elle était bouleversée : elle devinait sa séparation inéluctable de sa famille bavaroise à laquelle elle était fort attachée. Mais surtout elle pressentait tous les deuils et toutes les misères que la guerre allait entraîner.

Dès qu'elle eut installé un hôpital dans le palais de Bruxelles, elle m'y emmena rendre visite à des blessés afin, sans doute, que je voie de mes propres yeux le vrai visage de la guerre, tellement différent des charges héroïques et des glorieuses chevauchées qu'imagine un jeune garçon. Je n'ai gardé aucun souvenir précis de ces premiers blessés, mais plus tard, visitant un hôpital belge en Angleterre, j'ai vu mourir un homme atteint du tétanos et j'ai longtemps été hanté par cette vision.

Quelques jours plus tard, nous quittions Laeken en auto, accompagnés de nos précepteurs, pour cet ancien palais anversois de la place du Meir, conçu et meublé autrefois pour Napoléon. Le gros de l'armée belge s'établissait alors sur la Gette et autour de la position fortifiée d'Anvers.

Mon père, que nous avions peu vu durant les premiers jours de la guerre, avait son quartier général à Korbeek-Loo et nous rejoignait tous les soirs à Anvers, accompagné du général Hanoteau et de son conseiller militaire, le commandant Galet. Ce dernier trouvait parfois le temps de me parler de géométrie ou de me mener voir un pont de bateaux construit sur l'Escaut par les troupes du génie.

Tout m'intéressait, tout me passionnait : Anvers était bourrée de troupes, de convois, de réfugiés. Les missions militaires affluaient, des uniformes étrangers apparaissaient... Mais les armées allemandes pénétraient profondément en Belgique et puis il y eut ce raid de zeppelins sur Anvers. Mon père décida de nous envoyer en Angleterre, ma sœur, mon frère et moi. La malle Ostende-Douvres (que faisait-elle à Anvers ?) allait lever l'ancre lorsque mon père, prenant congé de nous sur la passerelle, me prit à l'écart pour me dire : « Tu veilleras sur l'armée. Il faut que la Belgique ait toujours une bonne armée. »

Ces mots eurent sur moi un impact considérable : j'avais douze ans et jamais mon père ne m'avait jusqu'alors parlé comme à un adulte.

Et me voilà, descendant le cours de l'Escaut, quittant ma patrie envahie et mon père exposé à tous les risques de la guerre, voguant vers un pays étranger et me sentant soudainement destiné à une mission dont l'ampleur me confondait. J'ai toujours su que je serais appelé à régner. C'était pour moi un fait établi, une donnée essentielle de ma personnalité et je comprenais que toute mon éducation était orientée dans cette voie. Mais alors, sur l'Escaut, j'ai eu conscience du poids des responsabilités qui allaient m'incomber.

Deux raisons avaient conduit mon père à nous envoyer en Angleterre plutôt qu'en France, l'une stratégique, l'autre politique. La défense de la Belgique était alors charpentée autour du « réduit national », c'est-à-dire la position fortifiée d'Anvers. Aucun stratège ou homme politique en Belgique ou ailleurs n'imaginait à la fin août 1914 que l'on verrait les bélligérants renoncer, de part et d'autre, à la guerre de mouvement pour s'aligner face à face sur un front allant de la Suisse à la mer du Nord. Pour être défendue et ravitaillée, la position fortifiée d'Anvers devait garder ses lignes de communication avec la Grande-Bretagne et mon père croyait ainsi éviter d'être coupé de nous.

D'autre part, comme ses prédécesseurs, mon père considérait que l'Angleterre était la meilleure garante de notre indépendance et il lui témoignait sa foi en lui confiant ses enfants.

Nous fûmes reçus en Angleterre par Lord Curzon, ancien vice-roi des Indes et personnage politique de premier plan, dans son magnifique domaine d'Hackwood, un château de style victorien dont les salons s'ouvraient de plain-pied sur les immenses pelouses d'un admirable gazon anglais.

Ma mère retourna bientôt à Anvers auprès de son mari et nous laissa sous la surveillance de Max de Nève de Roden qui s'évertua à nous instruire et à nous occuper. Lord Curzon fit venir un professeur de golf afin de m'initier à ce sport auquel je revins avec plaisir vingt-cinq ans plus tard.

Les filles de Lord Curzon s'efforçaient de nous rendre agréable ce séjour : Irène, l'aînée, supportait depuis le décès de ma mère toute la responsabilité du train de la maison. La cadette, Cynthia, avait mon âge et était charmante : ayant découvert un matin dans le *Daily Mirror* une photo du Kaiser, elle jeta le journal sur le sol et invita tous ses hôtes à piétiner l'image de ce petit-fils de la reine Victoria qui avait, disait-elle, commis l'infamie d'envahir la Belgique.

Mon père avait rencontré le Kaiser notamment lors des visites officielles et n'aimait ni son incroyable égocentrisme ni son désir effréné de diriger toutes les conversations et de toujours s'imposer à ses interlocuteurs. Mon père n'éprouvait alors aucune animosité envers les Allemands, mais il craignait les retombées du militarisme excessif de Guillaume II et ses rodomontades guerrières. Le Kaiser devait peu après lui rendre sa visite à Bruxelles et il nous stupéfia tous en offrant à ma sœur, âgée de sept ans, une boîte de soldats de plomb...

Les journaux nous tenaient au courant de la guerre, mais l'absence de mon père m'était cruelle.

Enfin, le 21 décembre 1914, j'ai éprouvé une des plus grandes joies de ma vie : je devais passer la Manche sur un destroyer britannique pour aller rejoindre mes parents à La Panne. Le seul fait que, soixante-deux ans plus tard, je me souvienne encore d'une date aussi précise vous montre combien je fus sensible à cet évènement; j'étais si heureux de retrouver mes parents !

La Panne, vous le savez, est la dernière station balnéaire belge sur le littoral de la mer du Nord avant la frontière française. Nous occupions trois villas qui furent détruites par les Allemands, lorsqu'au cours de la seconde guerre, ils édifièrent le mur de l'Atlantique. Elles se trouvaient, par une curieuse coïncidence historique, près de la jolie petite maison où Léopold Ier avait passé en 1831 sa première nuit en Belgique.

Mon père, ma mère et moi habitions la villa Maskens, simple maison juchée sur une dune à quelques mètres de la plage. J'entends encore le grincement de la pompe à bras nous fournissant l'eau pour nos ablutions matinales.

J'étais seul auprès de mes parents, car mon frère préparait à Osborne son entrée au Collège naval de Dartmouth, tandis que ma sœur étudiait dans un couvent à Brentwood. Plus tard, ils passeront, comme moi, leurs vacances à La Panne.

Une autre villa servait de dépôt aux médicaments, tricots, couvertures et friandises que le monde entier offrait à ma mère pour « ses » blessés. Dans la villa Calmeyn était cantonnée la section de gendarmerie chargée de la protection de mes parents.

Enfin, un peu plus loin, la villa Orban abritait la petite suite que mon père avait choisie pour l'accompagner, ainsi que les précepteurs : mon père, en effet, avait horreur de l'oisiveté et les avait fait venir à La Panne pour reprendre leurs cours.

L'instituteur de La Panne, M. Noterdam, me donnait des leçons de flamand, et de là vient probablement ma prédilection pour l'accent chantant de la West-Flandre.

J'allais souvent avec ma mère à l'hôpital de l'Océan qui se trouvait à l'autre extrémité de La Panne et je l'accompagnais dans ses tours de salles.

Ma mère faisait beaucoup plus que visiter les blessés : elle assistait les chirurgiens au cours des opérations, renouvelait les pansements et découvrait, jour après jour, les limites de la souffrance humaine.

Mon père avait chargé un de ses aides de camp, le commandant Preudhomme, de s'occuper de moi après mes heures de cours. Je faisais avec lui ou, à son défaut, avec le gendarme Guillaume de grandes promenades à pied ou à vélo : je m'efforçais d'aller le plus près possible du front qui n'était qu'à une quizaine de kilomètres de La Panne, mais mon compagnon, fidèle à la consigne imposée par mon père, évitait les régions bombardées.

Le commandant Preudhomme devait aussi m'apprendre l'organisation de l'armée et, saisissant toutes les occasions de visiter des unités au repos, il m'indiquait la composition de chaque division, les noms des généraux et des chefs de corps. Il arrivait à mon père de m'interroger parfois à ce sujet.

Laissez-moi ouvrir une parenthèse : mon père estimait que la mémoire doit se développer par des exercices. Comme il était lui-même fort épris de tout ce qui touchait aux chemins de fer, il me faisait retenir les noms de toutes les gares situées sur la ligne Bruxelles-Ostende, puis nous passions à Anvers-Bruxelles, Charleroi, Liège... Je ne sais si ma mémoire fut ainsi aiguisée, mais j'ai appris à connaître mon pays et plus tard, rencontrant par exemple un citoyen d'Alveringen ou de Comblain-au-Pont, il sera heureux de constater que je sais où il habite.

Mon père ne me parlait pas directement de la conduite des opérations, mais j'assistais à ses conversations quotidiennes avec son conseiller militaire, le commandant Galet, notamment lors du petit déjeuner que nous prenions habituellement à trois.

Le commandant Galet faisait rapport sur les évènements de la veille : les résultats des patrouilles, le nombre de tués, blessés ou disparus. Parfois, on pouvait lire sur le visage de mon père combien le bilan était lourd.

J'ai recueilli lors de ces entretiens l'écho de deux conflits qui m'ont fortement marqué. Ce fut d'abord la rencontre tendue et même houleuse entre mon père et le général Foch à l'hôtel de ville de Furnes le 26 octobre 1914. Foch voulait que l'armée belge soit placée sous commandement français et qu'elle soit répartie parmi diverses grandes unités françaises.

Mon père opposa un refus catégorique à ces demandes. Que serait alors devenue notre armée ? De la chair à canon pour les meutrières offensives à outrance ordonnées par le haut commandement français, et qui se répétèrent d'année en année sur le front allié.

Mon père éprouvait par contre la plus haute estime pour les qualités militaires de Pétain en qui il voyait le premier général à avoir réfléchi aux problèmes de la guerre moderne et à avoir évité les boucheries inutiles.

Mon père appréciait à leur juste valeur les connaissances militaires, l'intelligence et les qualités de caractère de son conseiller, le commandant Galet.

Le second conflit fut d'ordre politique et j'en entendis parler abondamment lors de mes séjours de vacances à La Panne. Le comte Louis de Lichtervelde, chef de cabinet du premier ministre de Broqueville, avait en avril 1918 rédigé une note tendant à soumettre à l'approbation ministérielle les décisions que mon père prenait en sa qualité de commandant en chef de l'armée, qualité qui lui est attribuée en temps de guerre par l'article 68 de la Constitution.

Cette démarche était à la fois insultante et inopportune. Mon père n'avait-il pas arrêté l'avance allemande sur l'Yser et ne tenait-il pas tout en mains depuis août 1914 ? Aussi la rejeta-t-il avec indignation et fermeté.

A l'époque, l'importance de l'incident m'avait frappé, car ma mère qui se gardait bien d'intervenir dans une question politique était outrée par ce qu'elle considérait comme une attaque contre son mari.

Mon père n'a jamais voulu se rendre à Sainte-Adresse ou au Havre. Il avait néanmoins d'excellents rapports avec la plupart de ses ministres auxquels il adressait de longues lettres et qu'il recevait volontiers à La Panne. Je me souviens d'y avoir rencontré de Broqueville, Hymans, Beyens, Van den Heuvel, Segers et Emile Vandervelde.

Mon père avait d'ailleurs pris pour principe de ne pas quitter le territoire belge. Déjà agacé par les intrigues du milieu politique, il était confondu par les rêves annexionnistes de certains hommes politiques ou de journalistes dont l'enthousiasme guerrier augmentait en proportion directe de leur éloignement du front.

Beaucoup de chefs d'Etat alliés sont aussi venus à La Panne. Je vois encore Poincaré assez curieusement accoutré. Mon père faisait peu de commentaires, mais j'ai compris que s'il admirait la logique et l'éloquence de Poincaré, le courant entre eux ne passait pas, tandis que mes parents furent conquis par l'intelligence et l'énergie de Clémenceau.

Mes parents recevaient aussi des amis : certains médecins de l'hôpital de l'Océan, de grands artistes tels Saint-Saëns, le peintre Emile Claus qui nous faisait rire aux éclats en nous racontant des histoires, Emile Verhaeren.

Je vois encore ma mère se promenant sur la plage avec Verhaeren dont la longue moustache frissonnait sous le vent du large. Et ma mère m'avait fait apprendre par cœur *Le passeur d'eau* de Verhaeren afin que je le lui récite au dessert.

En 1915, mon père décida de m'inscrire « à la suite » du 12e régiment de ligne. Une ancienne tradition militaire permettait alors à des non-combattants, femmes, enfants... d'être inscrits à la suite d'un régiment dont ils partageaient les exercices, les corvées.

Mon père avait choisi le 12e de ligne, car ce régiment liégeois avait mérité le plus de citations à l'ordre du jour de l'armée. Il était alors commandé par le colonel Van Rolleghem, officier énergique vivant très près de ses hommes.

Ce régiment faisait partie de la 3e division d'armée aux ordres d'un ancien des campagnes d'Afrique, le général Jacques, bientôt baron Jacques de Dixmude.

Mon père me présenta donc le 5 avril 1915 au régiment formé en carré sur la plage de La Panne à marée basse. Je fus affecté au 1er peloton de la 4e compagnie. Lorsqu'elle sera au repos, je participerai souvent à ses exercices : évolution en rangs serrés, progressions par alternance du feu et du mouvement et marches d'entraînement. Je suis encore fier aujourd'hui d'avoir ainsi marché vingt kilomètres avec la capote, le sac et le fusil. A quatorze ans !

Au pas de route nous chantions la « Madelon » et toutes les chansons de marche de l'époque, mais je n'ai pas de souvenir d'une véritable conversation. Ces magnifiques combattants m'impressionnaient peut-être.

Je me souviens toutefois qu'il fut beaucoup question de la victoire de Schaekers, un soldat limbourgeois du 12e, au concours international de lancement de grenades. Pensez donc, un jet de 75 mètres.

J'ai conservé la mémoire de mon chef de peloton, le lieutenant Bonnet, malheureusement tué plus tard en première ligne, et de mon commandant de compagnie, un officier de grande allure, le capitaine Joseph Gérard, un limbourgeois de Maaseik, que je devais retrouver comme inspecteur des études à l'Ecole Militaire. Je l'ai récemment revu à Meix-devant-Virton où il s'est fixé désormais.

Cette initiation à la vie militaire devait être suspendue en août 1915 pour être reprise occasionnellement au cours de mes vacances scolaires à La Panne. Mon père avait en effet décidé de m'inscrire au Collège d'Eton et, méthodique en toutes choses, il avait invité à La Panne un élève sortant d'Eton pour me familiariser avec les habitudes de cette école.

Graham avait 18 ans et durant un mois je rafraîchis avec lui ma connaissance de l'anglais, bien oublié, depuis le départ huit ans plus tôt de ma nurse britannique. J'appris aussi avec effroi qu'à Eton l'étude du latin était assez poussée : on devait traduire Ovide en vers anglais. Je constatai qu'on prononçait le latin avec un accent britannique fort déroutant.

J'espère que Graham fut heureux lors de son séjour à La Panne, bref répit que lui accorda le destin, car il fut peu après tué sur le front de la Somme.

Fier mais aussi angoissé d'avoir à m'affermir par moi-même, je partis pour le collège d'Eton, situé près de Windsor, qui comprenait vingt-cinq maisons dont chacune hébergeait une quarantaine d'élèves de 12 à 18 ans. Le *tutor* ou directeur de ma maison était Mister Lubbock, quinquagénaire grand, mince et distingué.

Les élèves de toutes les maisons étaient groupés dans les différentes classes, mais, afin de faciliter l'acclimatation des Belges, une classe d'expression française fut créée pour un trimestre seulement. Je vois encore les traits de Van Strydonck, de deux anversois les frères Thys, de Donnay de Casteau et surtout de Jacques Gauthier qui est toute sa vie demeuré mon ami. Je suis encore heureux de recevoir régulièrement des nouvelles de Mme Gauthier et de ses nombreux enfants.

Au deuxième trimestre, notre classe francophone fut dispersée et je parvins à me débrouiller en latin, en anglais, en histoire et en géographie.

J'avais toutefois deux points faibles. D'abord les *Sunday questions*, c'est-à-dire une rédaction dominicale en anglais sur des sujets puisés dans l'histoire sainte. Jacques Gauthier se révéla ici mon ange gardien...

Les mathématiques étaient mon second point faible. Je perdais complètement pied. Mon père qui était fort exigeant à cet égard — il prévoyait déjà mon entrée à l'Ecole Royale Militaire après la guerre — s'en ouvrit à son confident, le docteur Nolf. Ce dernier découvrit la solution en la personne d'un Italien, professeur à l'Université de Liège, réfugié en Angleterre et travaillant dans une industrie située à proximité d'Eton. Le docteur Nolf ajoutait que le professeur Giuseppe Cesaro, cristallographe de réputation mondiale, était aussi doué du génie de la simplification.

Je fis donc la connaissance de cet homme si attachant dont je conserve la photographie ici sur un coin de mon bureau. Voyez : n'est-ce pas que son visage pétille d'esprit et de bonté ?

Il me demanda immédiatement ce qui m'intéressait et je lui répondis avec une superbe inconscience : la géométrie analytique, c'est-à-dire une matière dépassant de très loin les principes sur lesquels je butais.

Pourquoi cette réponse ? Un an plus tôt, à Anvers, le commandant Galet m'avait démontré que la section d'un cône peut constituer une parabole, une hyperbole ou une ellipse et j'avais été frappé par cette notion de géométrie analytique.

Giuseppe Cesaro ne broncha pas et me parla des coniques en me faisant apparaître les matières que je devrais petit à petit assimiler pour me hisser à ce niveau. Mes lacunes furent progressivement comblées par les leçons de Monsieur Cesaro et les inquiétudes de mon père s'apaisèrent.

Mais heureusement, dans les collèges britanniques, le sport a autant d'importance que les études et j'ai pratiqué beaucoup de sports à Eton.

Durant le trimestre d'automne, on jouait au football ou plutôt à une variété particulière, mâtinée de rugby, l'*Eton game*. Ce jeu comporte des règles particulières, notamment l'interdiction de recevoir le ballon directement sur passe d'un partenaire : il faut que le ballon ait été touché préalablement par un adversaire. J'ai toujours adoré le football et je n'ai pas mis en péril la réputation de notre pays.

On jouait aussi, si l'on peut dire, au traditionnel *wall game* : deux équipes adverses s'efforcent de faire avancer le ballon au pied d'un mur noyé dans une véritable mer de boue.

Au trimestre de printemps, ayant le choix entre l'aviron et le cricket, je commis l'erreur d'opter pour le cricket, le plus fastidieux des jeux. Vous passez des après-midi entières à attendre votre tour ou à guetter une balle qui enfin arrive à votre portée au moment où vous avez décidé de penser à autre chose.

J'ai aussi joué au *five's*, au squash et j'ai suivi une ou deux chasses à courre à Hackwood. Pris au dépourvu, je n'avais pas imaginé la cruauté de ce sport.

Mon père m'avait déjà appris à monter à cheval lors de nos séjours à Ciergnon avant la guerre. A La Panne, il voulut que mon apprentissage soit poursuivi par du Roy de Blicquy, un de ses officiers d'ordonnance. Un excellent homme, mais d'une extrême nervosité qui gagnait par contagion son élève et ma monture. Le scénario était toujours le même : nous quittions la villa de La Panne en colonne, du Roy en tête, puis mon père, puis moi. Il fallait aussitôt grimper un petit raidillon et mon cheval tout émoustillé prenait le galop et dépassait mon père, fort mécontent de mon manque de maîtrise. Mon mentor hurlait des conseils qui n'arrangeait rien. Au retour, il fallait sauter une petite haie d'argousiers. Nouvelle pluie de recommandations, je pousse mon cheval qui se dérobe devant la haie et me fait passer par dessus ses oreilles. Je remonte et une seconde tentative me fait atterrir très peu agréablement au milieu de la haie.

Ma mère, voyant mon état et le mécontentement de mon père, intervint adroitement en suggérant de me faire escorter par un simple piqueur nommé Bellefroid. Cet homme très calme et fort peu loquace m'expliqua comment laisser galoper mon cheval, presque sur place, en le maintenant dans la colonne, et mes promenades, sauts de haie compris, redevinrent agréables.

Mais revenons à mon collège anglais. La discipline y est essentiellements assurée par les élèves les plus âgés. Chaque maison a son capitaine qui veille avec énergie au respect du règlement, les contrevenants étant gratifiés de coups de canne sur les fesses. J'en ai reçu une fois, mais je ne devais pas avoir commis une grosse faute, car elle est entièrement sortie de ma mémoire.

Je fus, comme tous les jeunes élèves, désigné comme *fag* d'un ancien et j'étais ainsi une espèce d'homme à tout faire, corvéable à merci. Je ne crois pas avoir bénéficié auprès de mes camarades d'une quelconque mesure de faveur. Elles n'existaient pas à Eton où un des fils du roi d'Angleterre, qui y était également élève, était peu gracieusement surnommé *the pig*...

J'ai beaucoup appris au contact de mes camarades, car c'était la première fois que j'allais à l'école et je m'y suis fait de bons et fidèles amis. Je me souviens surtout d'Alston qui m'accompagna beaucoup plus tard dans un de mes voyages en Amérique du Sud, de Snagge, très gentil garçon qui travaille dans la City, d'Oliver Thynne, éditeur intelligent et cultivé, de Walker, propriétaire terrien.

Les week-ends étaient fastidieux : le dimanche était réservé à la prière et à la promenade. On ne pouvait être aperçu en tenue de sport, ce qui impliquait l'obligation de revêtir l'uniforme du collège, c'est-à-dire la jaquette et le haut de forme traditionnel.

Je sortais donc aussi souvent que j'en avais l'occasion pour aller chez l'un ou l'autre ami ou rendre visite à ma sœur. J'étais parfois invité à Buckingham Palace chez le roi George V, mais l'étiquette était pesante pour un garçon de 15 ans.

J'étais par contre régulièrement invité chez la comtesse d'Athlone, dont le mari dirigeait la mission militaire britannique à La Panne. Cette femme charmante me faisait rencontrer des jeunes gens et des jeunes filles de mon âge. Je souhaite que Lady Athlone apprenne que, soixante ans plus tard, je garde le meilleur souvenir de sa rayonnante hospitalité.

Je ne regrette certainement pas mon séjour à Eton. Je présume que si la guerre n'avait pas éclaté à ce moment, mon père m'aurait néanmoins inscrit au collège d'Eton ou peut-être dans une école française. Il voulait en effet que je sorte de mon univers trop protégé de gouverneurs et de précepteurs pour me mêler à des garçons de mon âge, mais de préférence à l'étranger. Car entre de jeunes Belges et moi auraient pu, craignait mon père, s'instaurer des relations manquant de cette déférence qui lui paraissait indispensable.

J'ai appris à m'affirmer, à me faire des amis et à connaître l'Angleterre. C'est une très grande nation. Ce n'est pas le moment de décrire tous les aspects du caractère britannique, mais un trait m'a toujours frappé : leur réserve. Mes parents m'en donnent en 1918 un exemple frappant : leur ami, l'amiral Sir Roger Keyes, venu prendre le thé à La Panne, passa deux heures avec eux sans leur dire un mot du brillant raid qu'il avait personnellement mené le matin même sur le repaire de sous-marins allemands de Zeebrugge. Ce n'est que le lendemain que mes parents prirent connaissance de cet exploit par la lecture du communiqué.

Mais pendant ces années d'Eton, la guerre ne fut jamais reléguée à l'arrière-plan : les vacances, trois à quatre mois par an, nous ramenaient à La Panne où la guerre était présente par les blessés de l'Océan, les soldats sur la plage, les tirs d'artillerie. Et à Eton, semaine après semaine, nous entendions lire la liste des anciens élèves tués au front. Certains étaient des anciens qui avaient vécu dans notre Maison. Mais vous savez comment sont les adolescents : dix minutes plus tard, on tape sur un ballon et on a oublié les morts. Ou plutôt on croit les avoir oubliés...

Lorsqu'en octobre 1918 l'offensive libératrice porte ses fruits, je rejoins mes parents près de Bruges au château de Lophem. J'y fus conscient des graves options politiques et sociales sur lesquelles mon père eut à se pencher et qui façonnèrent la Belgique de l'après-guerre : suffrage universel, égalité linguistique.

J'étais aux côtés de mon père, lors de sa rentrée à Bruges, à Bruxelles et à Gand où un évènement me frappa : le bourgmestre avait prononcé le discours de circonstance auquel mon père avait répondu, lorsqu'un homme bondit inopinément sur une table pour saluer avec fougue et générosité l'armée victorieuse et son chef. Ce tribun était Edouard Anseele et j'ai souvent regretté que le gouvernement de 1949 n'ait pas compris d'hommes d'une telle trempe.

Partout, malgré les morts et les privations, régnaient une joie débordante, un enthousiasme incroyable. Le sommet fut atteint, selon moi, lors de l'accueil de mon père au Parlement. On parle beaucoup d'éloquence, d'art oratoire, mais je crois que mon père a atteint la grandeur par ses premiers mots : « *Messieurs, je vous apporte le salut de l'armée* ».

Tout était dit : le pouvoir civil reprenait son rôle et mon père, qui avait conduit ses troupes à la victoire, assumait avec modestie un rôle de porte-parole et puis rendait scrupuleusement compte des activités et des opérations de l'armée au cours de ces quatre longues années.

La Joyeuse Entrée de nos troupes à Liège me verra non plus à cheval, derrière mon père, mais dans les rangs du 12e de ligne qui me restera toujours si cher.

Vous garderiez toutefois une fausse image de moi si nous terminions le récit de ces années de guerre par l'évocation d'un défilé triomphal. Quand je songe, soixante ans plus tard, à ce que j'ai retenu de ces années, je vois d'abord les rapports quotidiens du commandant Galet détaillant à mon père la liste des pertes, et surtout l'image de mon père, si économe du sang de ses soldats. Ces deux images se superposent, car lorsque je serai plus tard élève de l'Ecole Militaire, le colonel Galet, commandant de l'Ecole, saisira tous les prétextes pour me rappeler le rôle joué par mon père durant la guerre et pour m'exhorter à m'inspirer de son exemple.

L'armée ne sera jamais à mes yeux une entité abstraite dont j'ordonnerais le sacrifice pour une question de prestige ou pour un mobile politique.

Vous aurez compris que je fais allusion à la décision que j'ai prise d'arrêter les combats en mai 1940. L'armée belge avait fait tout son devoir et, encerclée, se trouvait à bout de ressources. La rupture du front français à Sedan et près de Dinant avait permis aux Allemands d'atteindre Abbeville et puis Calais et nous avait contraints de nous replier en combattant, conformément aux directives du commandant en chef des troupes alliées.

Aucun historien, aucun critique militaire ne soutient qu'en prolongeant le combat pendant 24 ou 48 heures l'armée belge aurait modifié quoi que ce soit à l'issue d'une bataille déjà perdue. Par contre cette vaine poursuite des hostilités aurait entraîné des milliers de victimes dans les rangs de l'armée, et aussi parmi une population civile grossie par des centaines de milliers de réfugiés.

J'assume donc l'entière responsabilité de la cessation des combats et rien de ce qui m'est advenu dans la suite ne m'a fait regretter cette décision.

La Panne 26 janv. 1916

Mon cher Popol,

Tes longues et gentilles lettres ont fait le plus grand plaisir à Papa, ainsi qu'à moi-même. Nous te remercions et t'embrassons de tout coeur. Nous étions très tristes de ton départ et bien contents d'avoir si vite de tes nouvelles.

Voilà le petit frère qui a du nous quitter aussi. Mes trois petits poussins laissent un grand vide!

Ici rien de très spécial n'est arrivé depuis ton départ. Bruit de la flotte; quelques bombes d'aéroplanes. Des attaques à Nieuport et à Steen-straet qui ont été repoussé par les français. 25000 obus sur le secteur de Nieuport sans trop grand dommage. J'espère que tu travailleras bien jusqu'à Pâques. Le temps passe si vite et tu as encore tant de choses a apprendre. Je t'écrirai plus souvent, ne soit qu'un petit mot, puisque tu préfères cela à une plus longue lettre qui arrive rarement.

Un grand baiser de

ta Maman

16.06.16

Bien cher Léopold,

Nous avons été, Maman et moi, profondément heureux d'apprendre par ta lettre les progrès que tu réalises dans tes études. C'est très bien, et nous te félicitons de tout cœur. Tu verras que l'effort et l'application sont des sources de satisfactions plus sûres et plus durables que la dissipation et le jeu.

J'espère que ta santé est bonne et que nous te reverrons bientôt ici plein de force et de mérite.

Après une période très froide et pluvieuse, le soleil nous est revenu le front est assez calme, depuis une quinzaine de jours, nous avons maintenant toutes nos divisions en ligne et nous allons jusqu'à 3 Km d'Ypres.

Au revoir cher Léopold,
je t'embrasse très affectueusement
et suis toujours
ton tout dévoué papa

Albert

La Panne, le 16 juin 1916.

Eton College - Windsor.
le 5 Octobre 1917.

Mon bien cher Papa,

Lundi dernier, j'ai commencé les exercices militaires. Tous les jours de 8 heures 45 à 9.40 nous avons exercices en rangs serrés. En plus de 3.35. à 4 heures. 30. l'après-midi, tous les lundi, mercredi et vendredi.

Les exercices que nous avons faits jusqu'à présent constituaient en l'apprentissage du maintien, apprendre à se numéroter, à marcher : 'slow march, et 'quick march, tourner à droite et à gauche, demi-tour et par le flanc.

On nous apprit également à nous aligner, et à se mettre par quatre quand nous étions en ligne. Les mouvements sont très différents des nôtres ; par exemple pour se mettre par quatre quand on est en ligne au lieu de pivoter autour d'un homme, les numéros pairs des deux rangs font un pas en arrière et un pas à droite et ainsi sont juste derrière les numéros impairs, ensuite tout le monde fait à droite ou à gauche (par le flanc) Les demis-tours faits en marchant ne se font pas en un temps comme chez nous; mais en trois temps.

Les sergeants sont extrêmement durs; ils cherchent la perfection dans tous les mouvements; ils demandent beaucoup de discipline

S'il'on est une seconde en retard on est: "sent off Parade" – Tous les mouvements doivent être faits avec la plus grande énergie et avec ensemble.

Ces exercices m'intéresse beaucoup et c'est avec soin que je continuerai à les faire.

J'ai oublié de vous écrire que j'ai été invité par le Roi et la Reine d'Angleterre à déjeuner avec eux et avec la Princesse Marie; le Prince Henry était aussi là.

Après le déjeuner nous sommes allés dans le parc, le Roi n'est pas venu, il avait trop à faire. Nous avons rencontré le Prince et la Princesse de Teck, ou plutôt the Earl and Countess of Athlone, ainsi que leurs enfants.

Le Roi m'a demandé si je croyais que Charles s'était bien amusé en Ecosse ; j'ai répondu que j'étais sûr qu'il s'était fort bien plu dans ce beau pays car il le nous disait dans ses lettres.

Les études marchent bien ; je fais ce que je puis ; le latin marche beaucoup mieux, je fais des progrès.

Mon bien-aimé Papa, je vous embrasse de tout mon coeur et je reste

Votre Léopold

qui vous aime tendrement.

—

Eton College - Windsor.
le 10 Décembre 1917.

Mon bien cher Papa,

Je viens de recevoir votre si affectueuse lettre qui m'a causé une bien agréable surprise; je vous en remercie tendrement. J'espère que mes notes seront bonnes; je tâcherai de passer de bons examen pour terminer le trimestre.

Je suis triste d'apprendre que deux hommes ont été tué au peloton ; mais je suis fier de savoir que la compagnie se soit glorifiée par un raid victorieux sur les tranchées ennemies, conduit par le lieutenant Balteau.

J'ai lu dans le "XXe Siècle", un article intitulé : "Un raid hardi sur la ferme Terstille".

cet article parle de la belle conduite du Lieutenant Balteau, et de ses hommes.

Je me rejouis tellement de vous revoir bien cher Papa. Je vous embrasse tendrement et je reste votre

Léopold

qui vous aime beaucoup.

Eton College - Windsor -
le 25 Mai 1919.

Mon bien cher Papa,

J'ai lu dans les journaux, que vous avez fait une visite à Dartmouth, en aéroplane - J'espère que votre voyage s'est bien passé malgré l'accident que vous avez eu. — Il me semble que vous êtes un peu trop imprudent, cher Papa, vous risquez trop; car vous allez trop souvent (en avion. Surtout, quand on s'est beaucoup exposé, comme vous l'avez fait, pendant une si longue guerre, les chances, forcément, diminuent..

Tout le monde s'attend déjà à votre visite, ici à Eton. Plusieurs personnes m'ont déjà demandé, si c'est bien le 4 Juin que vous comptez venir me voir.

Le Head-Master m'a dit qu'il allait préparer un discours pour vous, et qu'il comptait vous recevoir officiellement, dans le School-Yard du Collège. Lui aussi, m'a demandé si votre visite était fixée pour le 4 du mois prochain. Je lui ai répondu que je croyais que rien n'était encore fixé, car vous êtes encore très occupé et vous avez peu de moments de liberté.

Quant à moi, je crois que le 4 n'est pas un bon jour pour votre visite. Ce jour là, il y a un monde fou. Chaque élève est avec ses parents et vous ne pourriez absolument rien faire sans être reconnu par tout le monde et arrêté à chaque instant – Ensuite, à mon point de vue personnel, je n'aurai pas l'occasion de rester très longtemps auprès de vous.

Il me semble que le Vendredi 11 Juillet conviendrait infiniment mieux; pour vous surtout. Je pourrai rester tout le Vendredi, tout le Samedi, et tout le Dimanche avec vous, très cher Papa. et le lundi, vous pourrez voir le Head M. et tous mes maîtres ainsi que le Collège lui-même. ou si le temps vous manque, vous pourrez voir mes professeurs le Dimanche.

En logeant à Henry IIId Tower, chez le Comte d'Athlone, vous êtes à dix minutes du Collège, en dehors du monde.

Je suis bien sûr que c'est de loin la meilleure solution. Mais peut-être que cela ne vous sera possible pas? Enfin, j'espère de tout mon coeur que cette date vous conviendra.

En attendant votre visite, avec une grande impatience, je vous embrasse tendrement et je reste toujours, cher Papa,

Votre Léopold

qui vous aime de tout son cœur.

* *
*

P.S. Je suis allé déjeuner avec le comte et la comtesse d'Athlone, et en causant, ils m'ont dit qu'ils vous avaient envoyé un livre, écrit par "Morganthau l'ambassadeur américain à Constantinople." Ils voudraient savoir si ce livre vous est bien arrivé ?
- Pour vous éviter la peine d'écrire vous-même, cher Papa, je serai très heureux d'être votre intermédiaire auprès d'eux.

toujours votre tout
dévoué Ld.

Chapitre III

VOYAGES ET ETUDES D'UN JEUNE HOMME RANGE

La Belgique sort de la guerre victorieuse et moralement grandie mais dévastée et appauvrie. Une fois dissipée l'illusion des réparations allemandes, elle est confrontée avec une énorme inflation et elle mobilisera tous ses efforts afin de stabiliser le franc au septième de sa valeur d'avant-guerre. Puis viendra la crise économique de 1929 et le chômage, particulièrement sévères dans un pays fort industrialisé et vivant du commerce extérieur.

Si les pays voisins connaissent les mêmes difficultés, la Belgique devra aussi tenter de résoudre deux problèmes spécifiques. Elle doit d'abord définir une politique étrangère, car son statut de neutralité paraît suranné, inefficace et peut-être même humiliant. Elle ne peut résister à l'attrait d'alliances qui la protégeraient de la renaissance du militarisme allemand. Ephémères sont, en vérité, les espoirs que certains placeront en la Société des Nations ou dans le Pacte de Locarno.

Dès 1920 un accord d'état-major est signé avec une France amicale, victorieuse et puissante, mais tous les efforts de la diplomatie belge n'aboutissent pas à la conclusion d'un accord analogue avec une Grande-Bretagne ondoyante et réservée.

L'autre problème est beaucoup plus ancien, mais prend une grande acuité. En effet les Romains inventent au deuxième siècle de notre ère la ligne Maginot et, du même coup, posent à la Belgique le problème des langues. Afin de contenir les invasions germaniques et réduire son front défensif, Rome érige une ligne de fortifications tirée au cordeau d'ouest en est et coupant longitudinalement le territoire actuel de la Belgique.

Les Germains s'emparent de toutes les contrées situées au nord de ce limes, *s'y installent en nombre et font disparaître toutes traces de culture et de langue latines. Deux siècles plus tard, les envahisseurs reprennent leur progression, franchissent le* limes, *détruisent le pouvoir romain, mais se fondent cette fois parmi une dense population gallo-romaine dont ils adoptent langue et culture.*

Les fortifications romaines n'intéressent plus que les archéologues, mais la frontière linguistique demeure, à peu près inchangée durant des siècles, sans susciter de problème ni au Moyen Age, ni sous l'Ancien Régime. Ces difficultés apparaissent lorsqu'en Flandre, comme dans d'autres pays européens, les classes dirigeantes prennent l'habitude de s'exprimer dans la langue universelle qu'était alors le français. Un pro-

fond clivage socio-culturel s'opère entre les francophones possédants et puissants et les flamands pauvres et humiliés.

La guerre de 1914-1918 marque une étape décisive dans l'émancipation du peuple flamand. D'une part, en faisant ressortir la situation inadmissible des soldats flamands menés au feu par des officiers ignorant souvent leur langue. D'autre part, l'instauration en 1919 du suffrage universel pur et simple, au lieu du vote plural et capacitaire, donne l'avantage du nombre aux Flamands dégagés de l'emprise de leurs notables francophones.

Des interférences se produisent inévitablement entre l'orientation francophile de la politique étrangère et le poids grandissant des Flamands dans la conduite de nos affaires. Il en résulte parfois d'étranges marchandages : l'Université de Gand sera flamandisée en contrepartie de l'accroissement de notre potentiel militaire souhaité par la France.

Surgissent aussi des incidents parfois évitables : ainsi le 11 septembre 1927, le maréchal Pétain, inaugurant à Dinant un monument aux morts, déclare malencontreusement que « La Belgique a été de tous temps la marche frontière de la France » *et, pis encore, que* « les Belges sont l'avant-garde de la civilisation latine face à la Germanie », *ce qui déchaîne une tempête dans la presse flamande.*

Qui sait alors si nous sommes à l'aube d'un monde nouveau, ou agit-il seulement d'un bref entracte entre deux guerres ?

G.K.

Le Roi LÉOPOLD: En écrivant l'histoire, les choses paraissent souvent plus simples, plus évidentes qu'elles ne l'on été au fil des jours.

Ainsi l'abandon par la Belgique de son statut de neutralité ne s'est pas immédiatement imposé comme une conséquence nécessaire de l'agression allemande. Certains croyaient que notre pays, entraîné malgré lui dans un conflit armé, pourrait ensuite recouvrer une neutralité consolidée par la réprobation que sa violation avait suscitée dans le monde entier.

L'attitude de mon père pendant la guerre fut réservée; il aurait volontiers accepté une paix blanche, sans vainqueurs ni vaincus, mais qui aurait épargné des millions de vies humaines. Il transmit ainsi aux gouvernements alliés les offres de paix formulées par l'intermédiaire du Comte Torring, un avocat bavarois, époux d'une sœur de ma mère. Il continua également à jouer un rôle discret dans les autres tentatives de conciliation qui émaillèrent les années de la guerre. Mais les hommes politiques alliés ne voyaient qu'une issue au conflit: l'écrasement de l'adversaire. Des hommes politiques et des journalistes belges tentèrent alors de définir la part qui devait nous revenir dans les fruits de la victoire.

Des personnalités sérieuses formèrent des projets qui nous paraissent aujourd'hui saugrenus, telle l'annexion, au besoin par conquête, de la Flandre zélandaise, du Limbourg hollandais, du Grand-Duché de Luxembourg...

Les Alliés ne voulurent pas en entendre parler, mais nous poussèrent à annexer, aux dépens de l'Allemagne, les cantons d'Eupen et Malmédy. Mon père dut céder devant la pression de l'opinion belge qui ne pouvait admettre qu'une guerre victorieuse n'entraîne pas d'accroissement territorial. Mais il ne s'y résigna que difficilement et me répéta souvent qu'il s'agissait là d'un cadeau néfaste; les Alliés désiraient en effet envenimer nos relations avec l'Allemagne, nous contraindre aussi à rester dans leur camp et à être engagés par leur politique.

Mon père gardera ses opinions et refusera obstinément, jusqu'à son dernier jour, de visiter officiellement Eupen et Malmédy.

*
**

En 1919, je n'avais pas encore pris la mesure de l'immense popularité de mon père dans le monde entier. Un voyage aux Etats-Unis allait m'en convaincre.

Je termine l'année scolaire à Eton et le 17 septembre 1919, je m'embarque avec mes parents et leur suite sur le croiseur américain *George Washington* mouillé au large d'Ostende. J'avais 18 ans et vous imaginez aisément ma joie à parcourir ce navire de la passerelle aux machines.

New York réserve à mes parents un accueil grandiose et enthousiaste lors de leur trajet en voiture découverte par Broadway et la 5e Avenue, sous les acclamations et les pluies de confetti.

Le Président Wilson était gravement malade. Mes parents offrent, à l'Ambassade de Belgique, un dîner en l'honneur de Herbert-Hoover, futur président des Etats-Unis et magistral organisateur du ravitaillement de la Belgique occupée. Puis pendant trois semaines, c'est la traversée en train de tout le continent américain. Arrêts à Détroit, à Chicago et dans toutes les grandes villes pour discours et réceptions... Mais les petites villes ne sont pas négligées : le train s'y arrête à l'heure convenue et mon père prononce quelques mots, debout sur une plateforme aménagée sur le dernier wagon, comme le font les candidats à la présidence des Etats-Unis.

Arrivés sur la côte Ouest, nous prenons quelques jours de détente à Santa Barbara et je me baigne avec mon père dans le Pacifique. Je passe quarante-huit heures à cheval dans les Montagnes Rocheuses avec un jeune officier américain et nous campons dans une vallée déserte. Puis c'est le retour vers la côte atlantique et l'Europe.

J'ai beaucoup appris de ce premier contact avec les Américains qui étaient et sont encore différents de nous. Ils sont tellement plus directs et décontractés, plus désireux d'apprendre, et même s'ils nous posent parfois des questions naïves ou brutales, il faut le prendre pour une marque d'intérêt.

Sautons quarante années : je reviens à New York. Je prends un taxi pour me rendre dans la banlieue. Le chauffeur veut immédiatement connaître ma nationalité et ensuite ce que je pense des tragiques évènements du Congo. Il arrête son véhicule dans un parc, me demande si je peux lui consacrer un quart d'heure, débranche son compteur et reprend ses questions sur le Congo. Connaissez-vous d'autres pays où un chauffeur de taxi porterait autant d'intérêt à des problèmes qui ne le concernent pas directement ?

Mais revenons en Belgique et à mon éducation. Mon père, qu'était passé par l'Ecole Militaire, voulait que je consacre une année à m'y préparer. Il pensait aussi qu'après Eton il était temps que je sois également imprégné de culture française et, souhaitant indirectement rendre hommage à l'armée française, il fait part au Général Pétain de son désir de me donner pour gouverneur un officier français jouissant de beaux états de service et aussi d'une solide culture littéraire.

Peu après, mon père rencontre à Paris, dans le bureau de Pétain, trois officiers alignés au garde-à-vous. Le général décline leurs gardes, campagnes et diplômes, puis dit à mon père : « Choisissez maintenant ». Assez interloqué par cette brusquerie bien militaire, mon père demande à réfléchir et puis exprime le souhait que l'Armée française lui prête le commandant Plée.

Vous m'avez demandé, l'autre jour, si parmi les candidats évincés ne figurait pas le Capitaine de Gaulle qui était alors un des familiers de Pétain. Je n'en sais rien, mais je ne vois aucun inconvénient à ce que les amateurs d'histoire-fiction imaginent ce que de Gaulle m'aurait apporté ou ce que lui aurait retenu de ses entretiens avec mon père.

Je m'entends fort bien avec le Commandant Plée qui me fait lire beaucoup d'auteurs français et en parle avec chaleur. Par le Commandant Plée, j'ai appris à connaître, à respecter et à aimer les soldats de la Marne et de Verdun, leur courage et leur esprit d'initiative, leur enthousiasme et leur endurance. Je lui dois aussi cette claire et généreuse image de la France que jamais je n'abandonnerai, même aux heures où la politique nous opposera : une nation fière et libre dont toutes les provinces et toutes les classes communient dans la même haute et belle culture.

Mon cher professeur Giuseppe Cesaro reprend ses cours de mathématiques. L'écrivain et dramaturge Herman Teirlinck m'enseigne la culture néerlandaise et est devenu un ami qui plus tard viendra souvent dîner chez nous au Stuyvenberg et jouer au billard. Enfin Jacques Pirenne, fils du célèbre historien Henri Pirenne, me donne des cours d'histoire. Mon père, ayant toutefois appris que Jacques Pirenne joue un rôle actif dans les Jeunesses Nationales, mouvement d'extrême droite, le fait venir pour lui demander de choisir entre les leçons qu'il me donne et la poursuite de cette activité politique.

Mon père, qui avait beaucoup d'estime pour Jacques Pirenne, ne voulait toutefois à aucun prix que l'on puisse croire que je partageais les opinions politiques affichées par un de mes professeurs. Il savait que son propre père, le Comte de Flandre, avait plus d'une fois indisposé Léopold II par le soutien qu'il apportait assez ouvertement à la droite catholique et qui l'amenait, a-t-on dit, à détourner la tête pour ne pas devoir répondre au salut d'un « homme de gauche » rencontré lors de sa promenade à l'Avenue Louise.

Je considère personnellement que le Roi ne favorise aucun parti et doit être prêt à gouverner avec les uns comme les autres. Et le prince héritier doit adopter la même attitude.

Jacques Pirenne met en veilleuse son activité politique et, à mon grand intérêt, poursuit son enseignement. Il me fait aussi visiter, ainsi qu'au Commandant Plée, la plupart des villes et villages de Flandres et de Wallonie, et ses cours d'histoire deviennent une merveilleuse introduction à l'histoire de l'art. Je me souviens de son enthousiasme pour un site de la ville de Grand d'où le regard peut embrasser le beffroi, l'hôtel de ville et la cathédrale Saint-Bavon.

Jacques Pirenne, qui fut mon secrétaire de 1945 à 1950 et très proche de moi, était un homme attachant par l'étendue de sa culture et l'état de son intelligence. Un homme aimant la vie sous tous ses aspects. Un passionné qui en arrivait parfois à manquer d'objectivité. Un compagnon d'une fidélité et d'une loyauté à toute épreuve.

Mais revenons à 1919 pour un intermède dans mes études.

Le Général Pershing, commandant en chef de l'armée américaine, vient inspecter ses troupes en Allemagne occupée et passe par Bruxelles où il est reçu par mes parents. Le général, qui aimait la jeunesse, propose à mes parents de m'emmener faire avec lui cette tournée des garnisons. Mon père accepte et je pars en Allemagne aux côtés de Pershing qui a longtemps incarné pour moi le type même de l'officier par sa superbe prestance et son regard autoritaire.

Je l'accompagne notamment en visite officielle à Coblence chez le général Mangin, commandant des troupes françaises d'occupation, petit homme trapu, aux cheveux drus, à qui son passé africain et son exceptionnelle énergie avaient valu le surnom de « Mangin, le mangeur d'hommes ».

Pershing le salue et prononce deux mots de courtoisie en anglais; le général Mangin qui, vingt ans plus tôt s'était, à Fachoda avec la mission Marchant, heurté aux Britanniques et ne leur avait jamais pardonné, se tourna vers moi et me dit : « Je n'ai rien compris. Traduisez-moi ce qu'il a dit ». Je m'exécute et Mangin retrouve sa sérénité.

Dans le train qui nous menait à Paris où s'achevait la tournée européenne de Pershing, le général Dawes (auteur, plus tard, du plan Dawes sur les réparations dues par l'Allemagne) m'offre un énorme cigare que j'entame avec appréhension et termine avec satisfaction. La soirée d'adieux se passe aux Folies-Bergère où dansait Joséphine Baker, superbe et juvénile, et dont je fis à mes parents, amusés et bienveillants, une description enthousiaste.

Mon père décide alors que j'ai acquis une maturité suffisante pour prendre la parole en public lors de l'inauguration de l'Œuvre des sépultures militaires. Je rédige et répète mon discours avec le commandant Plée, puis avec mon père qui le juge convenable. Mais j'ai un trac abominable et si apparent que le Ministre Fulgence Masson me prodigue à mi-voix des encouragements affectueux et paternels : « Ne vous en faites pas, ça ira très bien ».

C'est le cas, car durant les années suivantes j'ai inauguré, un dimanche après l'autre, la plupart des monuments aux morts érigés dans toutes les communes de Belgique.

Cette année de préparation touche à son terme et je parais en mesure de suivre les cours de l'Ecole Militaire lorsque mes parents partent en voyage officiel au Brésil. Sur mes prières, ma mère tente vainement d'obtenir de mon père que je fasse partie du voyage, mais finalement un compromis est atteint : je rejoindrai mes parents à Dakar à leur retour du Brésil.

Mais voilà qu'éclate au Sénégal une épidémie de fièvre jaune. Mes parents m'adressent un télégramme : « Viens nous rejoindre sans passer par Dakar ».

J'en fus très heureux, car c'était l'aboutissement, le couronnement d'un rêve d'enfant. Le Brésil était à mes yeux un pays qui restait à découvrir, un pays immense ayant trois fois la superficie du Congo, le pays où aurait pu s'épanouir l'ethnologue et le botaniste que j'aurais aimé être. Me voilà donc embarquant gaiement à Anvers avec le commandant Plée et Robert Goffinet sur le *Pays de Waes* appartenant au Lloyd belge.

Le Président de la compagnie, un sénateur anversois fort estimé de mon père, faisait le voyage inaugural de ce navire avec sa femme et ses deux charmantes filles. Cet homme très simple et gentil, qui appréciait mon père, offrait tous les soirs le champagne aux passagers et prononçait des discours commencés en français et achevés en néerlandais. Cette aimable exubérance lui attirait la sympathie de tous et particulièrement de l'équipe brésilienne qui rentrait au pays après les Olympiades d'Anvers.

Nous faisions escale à Recife, puis à Bahia, avant d'arriver à Rio de Janeiro. Mes parents sont ailleurs, mais j'y trouve une note de mon père me recommandant fermement de toujours porter des vêtements sombres et sérieux et de m'abstenir de chevauchées motocyclistes ou de chasse aux papillons.

Nous rejoignons mes parents et leurs compagnons dont, entre autres, le professeur Nolf et le général Tilkens, Guy d'Oultremont, adjoint au grand maréchal, Max-Léo Gérard, secrétaire de mon père qui appréciait son intelligence et sa probité, mais dont l'austérité et le parler assez précieux rebutaient le jeune homme de 19 ans que j'étais. Je lui préférais un personnage coloré et savant, distrait et divertissant, Charles Saroléa, un Belge qui enseignait à l'Université d'Edimbourg et en qui j'ai cru retrouver le Paganel des *Enfants du capitaine Grant*. Connaissant tout, absolument tout et même le portugais, il était, lui aussi, extrêmement distrait. Je me rappelle que plus tard, devant donner au Palais des Académies une conférence à laquelle assisteraient mes parents et un parterre de personnalités, il avait complètement oublié cette obligation. Pris dès lors au dépourvu, il improvisa une remarquable causerie.

Les visites de Rio et de Sao Paulo confirment une fois de plus l'incroyable popularité de mon père et donnent lieu à des manifestations colorées, frénétiques et touchantes. J'aime les Brésiliens et j'admire leur intelligence, leur gaieté et surtout leur absence de morgue et leur grande tolérance. L'odieuse *colour bar* et toutes formes de discrimination raciale n'existent pas au Brésil et bien des pays devraient suivre cet exemple.

Je visite évidemment l'Institut de Boutantan, célèbre centre scientifique où sont notamment mis au point les vaccins contre les morsures de serpent. Je commence avec le commandant Plée une collection de papillons, mais le clou du voyage, c'est pour moi les trois jours passés à Guatapara dans la *fazenda* d'un planteur. Un très vaste domaine bordé par cette fascinante forêt tropicale où j'ai alors pénétré pour la première fois et que j'ai ultérieurement parcourue dans tous les sens.

Notre séjour s'achève par quelques jours sur la somptueuse baie de Rio. Je m'y baignais lorsqu'une très grosse vague, un rouleau venu de l'Atlantique, s'approche de moi, je tente de plonger au travers de cette vague, mais elle se retourne, me renverse et je ne sais plus où je suis lorsqu'une main secourable m'aide à sortir de l'eau et je découvre une ravissante Brésilienne...

Mais le lendemain, nous reprenons la mer sur le *Sao Paulo*, croiseur de la marine brésilienne. Mon père me dit alors : « Tu t'es bien amusé au Brésil et tu y as vu des choses intéressantes. Ecris-en le résumé dans ce cahier ». Ce pensum me rebute et je préfère parcourir le bateau avec les jeunes officiers de bord. La veille de l'arrivée à Lisbonne, mon père m'avertit : « Si demain le cahier n'est pas rempli, tu ne descendras pas à terre ». Il n'était pas rempli et ma mère doit longuement plaider ma cause et obtient ma grâce. Mon père est d'ailleurs préoccupé par la chute imminente du cabinet Delacroix et regagne Bruxelles par avion, tandis que nous continuons notre traversée jusqu'à Dunkerque.

Quelques jours plus tard, le 8 novembre 1920, j'entre à l'Ecole Militaire.

***

Ouvrez le ban — Fermez le ban. Quatre promotions de l'Ecole Militaire, « armes simples » et « armes spéciales » formées en carré dans la cour de l'Ecole, avenue de la Renaissance à Bruxelles, rendent les honneurs. Mon père me présente à la 66e promotion d'infanterie-cavalerie et je prends place au premier rang... simplement parce que je suis le plus grand.

Je fais rapidement la connaissance de mes camarades et il n'y aura jamais de barrière entre eux et moi : la vraie égalité n'est-elle pas celle de l'âge ?

Mon père ne voulait pas, je ne sais pourquoi, que je loge à l'Ecole où l'on me conduit fort tôt le matin. Les journées sont en effet bien remplies : équitation de 6 heures à 7 heures du matin, puis bain et déjeuner à 7.45 h. Quelques minutes de détente consacrées habituellement au football. Cours et études de 9 h. à midi. Déjeuner agrémenté de brimades imposées aux jeunes par leurs anciens. A 13 heures, un cri « A l'ordre » et ce sont à nouveau des cours, des études ou des exercices et des tirs.

Devant être en tenue au cours d'équitation à 6 heures, je quitte Laeken à 5 1/2 heures et me lève vers 5 heures. Durant la première année, l'accent est mis sur la formation générale et non vers l'aspect militaire de notre formation. Le professeur de mathématique, le commandant Lefèvre, me frappe par la clarté de ses exposés et aussi par son dévouement à ses élèves. Alors que la plupart de nos professeurs laissent à des instructeurs ou à des assistants la surveillance de nos études, le commandant Lefèvre vient s'asseoir à côté de chacun d'entre nous, voit ce qui nous embarasse et reprend, en particulier, la démonstration des points difficiles.

Je vois encore le gigantesque colonel Mage, professeur de chimie et de balistique. Durant plusieurs semaines, il nous parle surtout du procès Steinman-Van de Wouver qui se déroule alors devant la Cour d'Assises d'Anvers et où il joue un rôle capital. Dois-je me repentir d'une blague que je lui ai faite lors d'une expérience de chimie ? Il avait annoncé qu'à telle température, une cornue remplie de certaine poudre allait exploser. Ceci se produit quelques instants plus tôt que prévu avec jet de particules de verre brisé dans toutes les directions. Assis au premier banc, je m'effondre la tête sur les bras et reste inerte. Emoi du colonel Mage qui m'exhorte à me relever. Je n'en fais rien. Il s'exclame avec emphase : « Grands dieux, le prince héritier est blessé !... », pour le plus grand plaisir de mes camarades.

Les cours heureusement n'étaient pas toujours théoriques : en fin d'année, nous allions visiter les forts de Liège, de Namur et Anvers, et les champs de bataille de la guerre.

Lorsque nous paraissons savoir suffisamment bien marcher au pas, nous allons de l'Ecole au Tir National, et retour. Une fois, nous en revînmes tous malades, intoxiqués par des crèmes à la glace avariées. Dès que nous avons un moment de libre, une partie de football s'organise et je ne suis pas le dernier à y participer. Un orteil cassé en témoigne.

La plupart de mes camarades de promotion viennent de la province de Namur et beaucoup d'entre eux ont été formés à l'Ecole des Cadets ou au collège de Malonne qui prépare spécialement l'entrée à l'Ecole Militaire. Mes meilleurs amis sont Alfred Willemart, un fort en thème qui fera une brillante carrière à la Force Publique et sera en 1941 chef d'Etat-Major des troupes belges dans la campagne d'Abyssinie, et le plus costaud de la promotion, Hector Binamé, qui, après avoir vaillamment servi son pays, est aussi, aujourd'hui, colonel en retraite.

Nous sommes tous les trois passionnés de motocyclette. J'achète à tempérament une moto, en la payant de mes économies, et le dimanche, sauf quand je dois inaugurer un monument aux morts, nous allons à moto chez l'un ou l'autre, parfois chez Willemart dont le père est garde-train et habite à Saint-Servais, ou chez Binamé dont la mère parle wallon avec un savoureux accent.

Notre chef de promotion est Raymond Dinjeart qui sera ensuite chef de la Maison militaire de mon fils et qui, devenu veuf, entrera dans un ordre religieux. Lors de nos randonnées dominicales, nous passons parfois par la ferme de ses parents à Belgrade et je vois encore la fière silhouette de son père, la faux sur l'épaule.

Mes camarades aiment sincèrement l'armée qui reste parée de tout le prestige d'une victoire récente.

La fin de l'année scolaire nous conduit au camp d'Elsenborn afin de procéder à des exercices pratiques de topographie. Nous sommes répartis en groupes de cinq élèves dans un fort beau pays et le temps est radieux : deux d'entre nous s'acquittent de notre tâche collective tandis que les autres pêchent, à la fourchette, des truites que nous faisons griller sur un feu de bois.

Le soir, nous avons quartier libre et nous trouvons des vélos pour aller à Montjoie, en Allemagne, où l'inflation nous donne, pour la soirée, l'illusion d'être riches. Après les examens de fin d'année, je suis classé 7e sur 50 et mon père me dit sa satisfaction alors qu'il était plutôt avare de compliments.

L'opinion publique voit, sous un verre grossissant, tout ce que fait un prince : s'il est bon élève, on le prend pour un Pic de la Mirandole, mais le jour où il recueille une mauvaise note, on chuchote qu'il est un cancre. Plus tard, avec le même excès, on le dépeindra comme un trousseur de jupons ou comme un ascète. Je souhaite que le public s'évertue à voir les princes tels qu'ils sont et non point toujours au mode superlatif.

Lors de nos premières vacances avec mes amis Willemart et Biname, nous partons en train pour la Suisse où Willemart et moi faisons l'ascension du Finsterharhorn, puis nous rejoignons Binamé à Brig en passant par le glacier d'Alesch. Nous entrons pas Stresa en Italie, puis nous longeons la côte méditerranéenne jusqu'à Menton. Nous restons quelques jours dans un très modeste hôtel et découvrons toute la splendeur du Midi de la France. Et puis, vacances terminées, les cours reprennent en seconde année de l'Ecole Militaire, mais mes amis Willemart et Binamé viennent souvent à Laeken et à Ciergnon, où mes parents les accueillent avec beaucoup de sympathie. Mes parents aimaient la simplicité. L'un et l'autre ont été profondément marqués par les quatre années passées à La Panne, sans luxe et sans apparat, au milieu des soldats dont ils connaissaient les dures conditions d'existence. Et de ces soldats, tout dépendait.

La seconde année à l'Ecole Militaire se déroule normalement, sans incident notable, les cours prenant une orientation plus militaire : stratégie, histoire militaire, organisation de l'armée, tactique... Avec plaisir je vois venir la fin de ces études, car mon père m'a autorisé à accompagner ma mère dans un voyage privé de deux mois en Egypte.

Mais en m'étendant sur mes voyages, je risque de faire croire à vos lecteurs que je ne faisais que voyager alors que je venais de terminer deux années d'études assez astreignantes. Je crois aussi que cinquante ans plus tard on garde mieux, ou plus volontiers, le souvenir de ce qui vous a frappé, plutôt que celui de votre vie quotidienne.

Nous partons à quatre, ma mère, sa dame d'honneur, la comtesse Ghislaine de Caraman-Chimay, le professeur Jean Capart, un des plus grands égyptologues de son temps, et moi-même. Nous gagnons Gênes et là nous embarquons à bord de l'*Hesperia* à destination de Port-Saïd. Pendant la traversée, je mets à contribution Jean Capart en me faisant enseigner les rudiments de sa science. C'est un grand avantage du métier de roi ou de prince que de pouvoir se faire expliquer les choses importantes par la personne la plus compétente.

Sans nous arrêter au Caire, nous découvrons Louqsor, et c'est bientôt la Vallée des Rois où j'assiste à l'ouverture de la tombe de Toutänkhamon. L'évènement est considérable et retient l'attention du grand public : des savants du monde entier vont découvrir pour la première fois une tombe inviolée depuis l'ensevelissement du Pharaon; le dernier mur est abattu sur l'ordre de Lord Carnavon qui dirige les recherches avec Capart; les savants se précipitent sur le sarcophage et sur le mobilier funéraire et commencent à discuter avec frénésie de l'usage d'un petit meuble. Tous s'inclinent finalement devant l'avis de Jean Capart.

Nous restons encore quelques jours dans ce charmant hôtel du Winter Palace. C'est le mois de janvier, le ciel est bleu et tout me passionne : la majesté des temples de Karnak et de Dar el Bari, la grâce géométrique des colonnades, la finesse des hiéroglyphes, et puis aussi l'Egypte contemporaine avec ses fellahs, ses chameaux, ses champs de coton et de canne à sucre...

Je me levais avant l'aube pour tout voir, tout photographier et je me souviens d'avoir, un matin, découvert la beauté du désert.

L'Egypte est aussi pour moi le premier contact avec cette terre africaine que je veux tant connaître. Nous recontrâmes à l'hôtel le colonel Watson, un officier britannique de l'armée des Indes, que l'on eût cru sorti d'un roman de Kipling avec ses *jodhpurs*, son visage plissé et tanné, ses histoires du Khédive et de Kitchener (les 2 K, disait-il) dont il avait été l'aide de camp. C'était le compagnon rêvé pour une escapade vers Khartoum.

Ma mère n'y avait vu aucun inconvénient : nous partons à trois, avec William Robert qui avait œuvré pour Léopold II au Katanga lors du conflit avec Cecil Rhodes. Le trajet de Louqsor à Khartoum se fait en train et en bateau par Assouan et Wadi Alfa. J'ai ainsi vu Abou-Simbel avant que ce temple ait été déplacé lors de la construction du barrage d'Assouan. Le capitaine mouillait en face du temple avant l'aube et faisait débarquer ses passagers afin qu'ils aperçoivent le premier rayon de soleil éclairant le temple, puis pénétrant dans un couloir pour illuminer durant quelques secondes la statue du pharaon.

Lors de ce voyage, j'ai rencontré le docteur Mouchet, médecin venu du Congo, qui m'accompagnera deux ans plus tard, lors de mon premier voyage dans notre colonie. J'ai été immédiatement frappé par sa compétence et aussi par son indépendance d'esprit, qu'il attribuait au principe du libre-examen que l'Université Libre de Bruxelles lui avait inculqué. Je le vois un jour me rejoindre en se frottant les mains :

— Le gouvernement britannique de Khartoum vient d'être frappé d'une amende et c'est bien fait, me dit-il. On a trouvé traînant dans son jardin une écorce de noix de coco, remplie d'eau et où les moustiques vont pondre. Le gouverneur avait pris un arrêté punissant ceux qui par une telle négligence permettent la propagation des moustiques. C'est bien. Le juge a fait application au gouverneur de son propre arrêté. C'est encore mieux.

Le docteur Mouchet me parle alors longuement des fièvres qui règnent au Congo, en se plaignant de l'insuffisance des crédits nécessaires à une lutte efficace : je m'en souviendrai. Nous visitons le champ de bataille d'Omdurman, où le lieutenant Winston Churchill chargea avec ses hussards, et poussons vers le Sud en remontant le Nil oriental jusqu'aux abords de la frontière d'Abyssinie. C'est alors que, pour une des rares fois de ma vie, je chasse et tire un crocodile dont la peau devait m'être envoyée, mais que j'attends encore.

Retrouvant ma mère à Louqsor, nous allons au Caire et dans ses environs voir, toujours avec Jean Capart, les pyramides de Gizeh, le Sphinx, le musée du Caire. Le Gouverneur général britannique nous invite à un dîner au cours duquel son épouse m'annonce la mort de Lord Carnavon et, sans humour, m'avertit (les légendes naissent vite) que tous ceux qui ont pénétré dans la tombe de Toutankhamon, moi compris, sont voués à une mort rapide.

Je parcours de bout en bout le canal de Suez et je visite Héliopolis, la magnifique cité blanche et verdoyante construite par Empain à l'époque où financiers et ingénieurs belges construisaient des chemins de fer en Chine et au Congo, perçaient le métro de Paris et faisaient circuler des tramways dans toutes les villes de Russie, d'Argentine et d'ailleurs.

Le roi Fouad Ier, père de Farouk, nous rend une visite de courtoisie, mais heureusement on nous avait avertis qu'à la suite d'un attentat perpétré contre lui par son propre frère, il souffrait d'un hoquet nerveux. Des visiteurs non prévenus auraient été effarés...

A Alexandrie, nous reprenons le bateau pour Gênes en faisant escale à Syracuse où nous visitons une des curiosités locales, l'oreille de Denys. Il paraît que Denys, tyran de Syracuse, pouvait par ce conduit creusé dans le roc, entendre ce que disaient les prisonniers athéniens enfermés dans une caverne sous son palais.

Rentré en Belgique au printemps de 1923, je sers comme lieutenant aux Grenadiers et je suis des cours universitaires. Je prête ainsi serment d'officier au cours d'une prise d'armes à la caserne des Grenadiers, rue des Petits-Carmes à Bruxelles. Cette caserne porte le nom de « Prince Albert », car mon père y avait également servi. Son frère aîné, le prince Baudouin, décédé prématurément d'une pneumonie, avait, lui, été un Carabinier et avait ainsi donné son nom à la caserne de la Place Dailly.

Je dois faire le métier de chef de peloton d'infanterie. Mais je ne m'y plais guère. Trop peu à faire et ce qu'il faut faire est ennuyeux : marcher de la caserne au champ de manœuvres, au Vivier d'Oie, au Bemel, à la plaine d'Etterbeek, et regarder les sous-officiers enseigner aux soldats comment ramper et puis bondir. Mon père constatait que c'était déjà un progrès depuis son temps, car alors les officiers se rendaient à cheval au café où ils avaient rendez-vous avec leurs sous-officiers, passaient le peloton en revue, puis retournaient au café, leur journée de travail étant accomplie. J'ai tout lieu de croire que les officiers ont aujourd'hui mieux à faire.

Je suis frappé par le chef de corps, le colonel Bingé, qui avait été officier d'ordonnance de Léopold II : homme intelligent, parlant bien, respirant l'autorité. Mon commandant de bataillon, le major Cayron, ne manque pas non plus d'énergie, ni d'allure.

Je trouvais beaucoup plus d'intérêt dans les cours que je suivais à l'Université de Gand. D'abord l'histoire enseignée par Henri Pirenne : je fus donc l'élève du fils avant d'être celui du père. Ce cours était passionnant par l'enthousiasme et l'imagination du professeur. Il nous faisait dialoguer avec des personnages du Moyen Age comme s'ils étaient nos contemporains. Comme il avait dû un jour interrompre son cours vingt minutes avant la fin, nous ne l'avons laissé partir que moyennant promesse de nous donner, lors d'un prochain cours, les vingt minutes manquantes de son enseignement.

Le deuxième cours était consacré à l'économie politique. Mon troisième professeur est Auguste Vermeylen, l'homme de lettres et homme politique qui, avec foi et compétence, nous enseigne l'histoire de la littérature néerlandaise.

A cette époque, le professeur Hanriot, de l'Université Libre de Bruxelles, me donne des cours particuliers de physique et d'électricité.

Il me fait aussi effectuer dans son laboratoire des expériences qui me passionnent.

L'ère des gouverneurs était alors, à son tour, révolue. Mon père m'avait désigné pour aide de camp un brillant officier d'artillerie, le major Raquez. J'entretenais avec lui des rapports cordiaux et confiants; il m'accompagnait à mes cours et nous confrontions nos impressions.

Ainsi donc, mon cher Giuseppe Cesaro m'avait fait participer à l'enseignement de l'Université de Liège. J'avais suivi plusieurs cours à Gand et fréquenté un laboratoire à Bruxelles. Restait Louvain qui m'offre son plus illustre professeur, le cardinal Mercier. Toutes les semaines, le cardinal me reçoit pendant deux heures dans son palais archiépiscopal de Malines. Il ne me donne pas un cours de religion et ne m'entretient pas non plus de politique religieuse ou des rapports entre l'Eglise et l'Etat. C'est en lui l'abbé Mercier qui poursuit son célèbre cours de philosophie thomiste. Le prélat resplendit d'intelligence et d'une bonté rayonnante. Il s'exprime avec une inégalable simplicité. Mais je n'avais alors aucun penchant pour la philosophie et j'ai toujours regretté de n'avoir pas abordé cette étude avec un tel maître vingt ou trente ans plus tard.

J'ai toujours veillé, en m'inspirant d'ailleurs de l'exemple de mon père, à ne pas mêler mes convictions religieuses à mon attitude politique. J'ai suivi, comme beaucoup de jeunes Belges, des cours de catéchisme et d'Histoire sainte, mais la religion reste pour moi un problème intérieur, complètement étranger à l'exercice de mes fonctions. Ainsi je me suis toujours abstenu de m'agenouiller lors d'une cérémonie publique du culte, car je n'entendais pas marquer, de façon ostentatoire, que je me rangeais plutôt dans telle famille spirituelle que dans une autre.

Plus tard, après mon long voyage au Congo j'ai une série d'entretiens avec deux anciens ministres. Georges Theunis, financier expérimenté et ancien collaborateur d'Empain, m'initie aux problèmes économiques et monétaires. Henri Jaspar, aux yeux de feu sous une somptueuse crinière blanche, m'expose avec méthode, et aussi une certaine passion, les objectifs et les moyens de notre politique étrangère.

Enfin le Premier président de la Cour de Cassation Godding, homme massif et imposant, m'enseigne les principes de notre droit public et du droit international. Pour lui l'article 68 de la Constitution, selon lequel le roi commande les forces de terre et de mer, ne donne pas lieu à controverse. « Votre père, me répète-t-il, a en fait exercé ce commandement sans que ses décisions ne soient contresignées par un ministre. »

Il m'expose ainsi le *modus vivendi* mis au point en 1916 par le subtil baron de Broqueville, ministre de la guerre, afin de résoudre cette question de contreseing ministériel qui avait — je vous l'ai dit — profondément irrité mon père : un arrêté royal de novembre 1916 charge le chef d'Etat-Major général d'assurer, sous sa responsabilité, l'exécution des ordres du Roi et du ministre de la guerre, étant entendu que tout ordre important doit être donné au nom du Roi, commandant en chef.

Les juristes fronceront peut-être les sourcils, car cet arrêté, d'une orthodoxie douteuse, consistait pratiquement en une délégation par le ministre de ses responsabilités constitutionnelles au chef d'Etat-Major général. Mais à l'époque nul n'émit d'objection.

La même ingéniosité aboutit à un autre expédient similaire ayant pour objet de régler en 1918 le problème du commandement unique des troupes alliées. La vigoureuse offensive des troupes allemandes, menée par Lüdendorff, avait menacé de rompre le front franco-britannique et convainquit les gouvernements alliés d'investir le maréchal Foch du commandement suprême de leurs forces. Comment intégrer dans ce nouveau dispositif interallié une armée belge dont le commandement était, par la Constitution, attribué au Roi qui, chef d'un Etat souverain, ne pouvait être subordonné à une autorité étrangère ?

La difficulté fut résolue en plaçant les troupes opérant en territoire belge sous le commandement nominal du roi Albert assisté d'un major général, le général français Degoutte, auquel le maréchal Foch transmettait directement ses instructions. Il est inutile de dire qu'elles furent toujours suivies notamment lors de l'offensive libératrice d'octobre 1918.

Cet enseignement du Premier président Godding attribuant au roi le commandement effectif de l'armée en guerre ne faisait, à l'époque, l'objet d'aucune discussion ou controverse. Il comblait les vœux des militaires et recueillait aussi l'assentiment d'éminents juristes tels Giron et Louis Wodon. Jamais il ne fut alors mis en question au Parlement ou dans la presse. Une telle unanimité toutefois était fragile, car elle ne résultait pas d'analyses concordantes d'un texte précis ni d'un fructueux échange d'opinions. Elle était essentiellement fondée sur la victoire remportée en 1918 par une armée belge que son roi avait personnellement et heureusement commandée durant toutes les hostilités.

Mais, j'allais le constater plus tard à mes dépens, les fruits de la victoire ne résistent pas au vent de la défaite. Après 1940, le problème du commandement de l'armée sera à nouveau posé, mais en des termes différents : le caractère dorénavant total des guerres ne permet plus de dissocier le commandement de l'armée de toutes les autres activités d'une nation en guerre. D'autre part l'essentiel de nos forces est dès à présent intégré dans l'Alliance atlantique.

Je me garderai bien de commenter les solutions actuelles, mais mes actes avant et durant la guerre de 1940 doivent être appréciés en fonction de la doctrine constitutionnelle alors acceptée par tous comme vérité d'Evangile.

Ainsi, lorsqu'à l'aube de 10 mai 1940, j'ai pris personnellement le commandement de l'armée en guerre, le Premier ministre et les Présidents des Chambres furent acclamés par les parlementaires auxquels ils firent part de ma décision.

L'expérience m'a ainsi appris que le droit constitutionnel est infiniment plus nuancé et mouvant que ne le laissait apparaître l'enseignement du Premier président Godding. L'étude du droit constitutionnel présente d'ailleurs nécessairement un caractère théorique : elle assure la maîtrise des principes fondamentaux, mais l'apprentissage requerra aussi une formation pratique appronfondie, un entraînement intensif.

Ainsi depuis un siècle, nos amis français tournent en dérision le maréchal Mac Mahon pour avoir, le jour de son élection à la présidence de la République, demandé qu'on lui apporte le règlement. Je voudrais contribuer à la réhabilitation de cet excellent homme en lui rendant justice sur ce point : un manuel de droit constitutionnel n'est pas un art de régner.

Telles étaient donc les études auxquelles je m'adonnais tout en poursuivant mon métier d'officier d'infanterie à la caserne et dans les camps, par les dunes et les bruyères de Beverloo.

Si nous établissons maintenant l'inventaire des diverses composantes de mon éducation, l'importance de la formation militaire est évidente : l'inscription, dès l'âge de 14 ans, « à la suite » du 12e de Ligne, mes deux années complètes d'études à l'Ecole Militaire, de fréquentes marches et manœuvres avec le régiment des Grenadiers, sans oublier les graves recommandations de mon père sur la passerelle du navire en août 1914 à Anvers, ni les petits déjeuners quotidiens à La Panne avec mon père et le commandant Galet.

Cette prédominance de l'élément militaire doit rester présente à l'esprit de celui qui veut apprécier, en toute sérénité, le bien-fondé de la seconde décision que j'eus à prendre en mai 1940.

J'ai brièvement rappelé au chapitre précédent ma première décision d'arrêter un combat sans espoir. Mais fallait-il alors, second problème, que je reste en Belgique occupée afin de partager le sort de la population et de l'armée, ou convenait-il que je parte avec le gouvernement en

France, et peut-être plus tard en Grande-Bretagne afin de poursuivre la lutte aux côtés de nos alliés ?

Ce cruel dilemme se posait à moi, non sur un plan politique, mais sur un plan humain. En effet la Constitution belge prévoit en son article 82 que les ministres réunis en conseil exercent les attributions du Roi qui se trouve dans l'impossibilité de régner. Et mes ministres de 1940 ont jusqu'en 1944 fait application de cette disposition constitutionnelle en assurant ainsi la permanence en France, puis à Londres, d'un gouvernement belge légitime jouissant des plus larges pouvoirs.

Comme nous l'avons compris plus tard, chacun pouvait alors remplir sa tâche : les ministres d'une part poursuivaient le combat si les Alliés n'y renonçaient pas, et moi, d'autre part, je pouvais rester en Belgique afin de tenter d'alléger le sort de l'armée prisonnière et de la patrie occupée. Si le sort des Belges, durant les cruelles années de l'Occupation, fut moins pénible que celui des Hollandais ou des Norvégiens, ce fut sans doute une conséquence de ma présence en Belgique. Devant le problème ainsi posé, mon choix était simple et évident. Je ne pouvais envisager d'abandonner une armée dont je faisais viscéralement partie. Je ne pouvais tenir le rôle du capitaine d'un navire en perdition, qui se jette, seul, dans une chaloupe de sauvetage.

Je me suis inspiré de l'exemple de mon père qui, de 1914 à 1918, ne quitta jamais le sol national. Il fallut d'ailleurs, en mai 1940, faire violence à la reine Wilhelmine des Pays-Bas pour l'amener à prendre le chemin de l'Angleterre. Je persiste à croire que j'eus raison de rester en Belgique et rien de ce qui s'est passé depuis lors ne m'a fait regretter cette décision.

Comment dès lors expliquer que cette répartition des tâches entre le gouvernement et moi n'ait pas été comprise à l'époque et que j'aie été traîné dans la boue, vilipendé, injurié... Demandons-nous aussi, en toute sérénité, pourquoi cette campagne de haine et de calomnie prit-elle une telle ampleur et eut-elle un tel retentissement, aussi profond que durable ?

Il faut d'abord noter que j'étais, moi, prisonnier et démuni de tous moyens de communication de masse. Il était hors de question que je demande aux Allemands l'autorisation de parler à la radio, de tenir une conférence de presse ou de m'adresser aux pays. Ma seule ressource fut de donner ma version des événements au Cardinal Van Roey, archevêque de Malines, qui la fit lire dans toutes les églises du pays.

Mais Paul Reynaud, président du Conseil des Ministres de la République française, était déjà parti à l'offensive le 28 mai 1940, jour où l'armée belge cessa le combat. Il bondit au micro pour m'accuser de trahison, de félonie... Pourquoi ? Parce que les armées alliées étaient vaincues, parce que la bataille était perdue, parce qu'il fallait un bouc émissaire.

Si Paul Reynaud — auquel Winston Churchill devait malheureusement emboîter le pas quelques jours plus tard — me fit ainsi un procès de propagande, le gouvernement belge me fit, lui, un procès d'intention. Disons les choses crûment : les ministres ont imaginé que restant en Belgique après la cessation des hostilités, j'avais l'intention d'exercer mes fonctions sous l'occupation allemande et que je comptais constituer un gouvernement destiné fatalement à collaborer avec l'ennemi. J'estime que rien dans mes actes ni dans mes propos ne justifiait une telle hypothèse; mais je peux à la rigueur admettre qu'un malentendu ait pu germer au cours de ces journées harassantes et dramatiques.

Cependant les ministres auraient dû aussitôt se rendre à l'évidence et constater que j'étais en fait prisonnier et que leurs craintes étaient dénuées de fondement. La consultation que m'ont donnée les 28-29 mai 1940 trois éminents juristes, le procureur général Hayoit de Termicourt, Joseph Pholien, ancien ministre de la Justice, et le bâtonnier Devèze, ancien ministre de la Défense Nationale, mettait bien les choses au point et les ministres réfugiés en France en ont eu rapidement connaissance.

Alors pourquoi ceux à qui incombait la responsabilité du pouvoir, n'ont-ils pas reconnu publiquement leur erreur et coupé court ainsi à la campagne qui se poursuivait contre moi en France et en Angleterre ? Telle est la question que je continue à me poser, sans rancœur ni rancune.

Le prince Léopold dans les bras de son père.

Au bord de la mer du Nord.

Vacances de la famille royale en Autriche avant la guerre de 1914.

Le château des Amerois.

Le prince en uniforme de collégien d'Eton.

Le prince, soldat au 12e régiment de ligne.

Le prince dans l'équipe de football de l'Ecole Royale Militaire.

Photographie offerte par le prince à ses condisciples de l'Ecole Royale Militaire.

Au Congo belge en 1932-1933.

Au Congo belge en 1932-1933.

Le prince en escalade.

Le prince en escalade.

Le roi Léopold et le prince Charles.

Le roi Léopold lors de sa « Joyeuse Entrée » en 1934.

Chapitre IV

PAR LA BROUSSE ET LA SAVANE

Pourquoi et comment le Zaïre, ce vaste et riche pays du cœur de l'Afrique, portait-il jusqu'à la décolonisation de 1960 le nom de « Congo Belge » ?

La Belgique, nous l'avons dit, a vu reconnaître sa naissance à Londres en 1831-1839 par les grandes puissances qui lui imposent un statut de neutralité.

Une curieuse mais explicable symétrie fait que ce sont aussi les grandes puissances réunies alors à Berlin en 1884 qui admettent le Congo dans le concert des nations et lui imposent un statut, cette fois, de libre échange.

A Londres, elles réglaient le problème posé par l'indépendance de la Belgique. A Berlin, elles résolvaient la question de la dépendance de cet immense territoire fraîchement découvert.

Léopold Ier, imprégné de l'exemple britannique, avait déjà cherché à créer des établissements belges en Abyssinie, au Brésil, aux Iles Philippines, en Amérique centrale... Mais ses tentatives discrètes et financées par les seules ressources de sa cassette avaient échoué.

Léopold II, encore prince héritier, effectue de grands voyages en Egypte, aux Indes et même en Chine, et il use aussi de sa qualité de Sénateur de droit pour prononcer au Sénat plusieurs discours, notamment en 1860 et 1861, tendant à démontrer les avantages matériels et moraux que des colonies apporteraient à la Belgique.

Mais une opinion publique peu réceptive et des parlementaires pusillanimes, trop jaloux des deniers de l'Etat, le contraignent à une approche indirecte du problème.

Léopold II convoque donc à Bruxelles du 12 au 19 septembre 1876 une Conférence géographique internationale dont l'objet est d'explorer l'Afrique centrale, de la pacifier et d'en extirper l'affreuse traite des Noirs. La Belgique, affirme le Roi dans son discours inaugural, n'a aucune ambition si ce n'est que Bruxelles devienne le quartier général de ce mouvement civilisateur. Acclamé, le Roi est élu président du comité exécutif de l'« Association internationale pour réprimer la traite et ouvrir l'Afrique centrale ».

Des souscriptions sont ouvertes et le Roi y contribue de sa cassette personnelle. Des expéditions se préparent. Coup de théâtre : on apprend en octobre 1877 que le journaliste britannique Stanley, parti autrefois à la recherche d'un missionnaire, le docteur Livingstone, a traversé le continent africain d'Est en Ouest et est arrivé sur l'Atlantique à l'embouchure du fleuve Congo qu'il a descendu pendant des centaines de kilomètres et qui, par conséquent, est partiellement navigable.

Léopold II apprécie aussitôt l'importance de cette découverte d'une voie de pénétration en Afrique centrale et veut s'attacher cet explorateur d'une énergie indomptable. Il lui adresse des émissaires qui sont d'abord éconduits, car Stanley veut faire flotter le pavillon britannique sur cette immense contrée dont il soupçonne déjà la richesse. L'Angleterre n'est cependant pas preneuse et Stanley entre au service du Roi, retourne au Congo durant l'été 1879 pour compte de l'Association Internationale et fonde en 1881 Léopoldville, l'actuelle Kinshasa.

L'élan est donné et les expéditions se succèdent : explorateurs et missionnaires, géologues et militaires découvrent les énormes possibilités de ce pays et suscitent l'intérêt jaloux des grandes puissances coloniales, le Portugal et la France, l'Allemagne et finalement l'Angleterre.

Mais leurs rivalités sont telles que les chancelleries, désireuses d'éviter un conflit armé, décident, lors du Congrès de Berlin, de laisser administrer ce territoire par l'Association Internationale derrière qui se profile le souverain d'une Belgique peu gênante et, rappelons-le, vouée à la neutralité.

L'Association Internationale cède donc la place à l'Etat indépendant du Congo et les Chambres belges autorisent, conformément à l'article 62 de la Constitution, Léopold II à devenir souverain de ce nouvel Etat. C'est une stricte et étrange union personnelle, car si le roi dispose en Belgique des seuls pouvoirs que lui reconnaît la Constitution, il règne au Congo en monarque absolu.

Mais il ne suffit pas de régner, il faut construire des lignes de chemins de fer là où le fleuve n'est pas navigable, édifier des hôpitaux et des écoles, payer des fonctionnaires, combattre les Arabes esclavagistes qui poursuivent leurs razzias dans l'Est. Il faut de l'argent.

Pendant plusieurs années, Léopold II supporte personnellement toutes ces dépenses, engage son patrimoine privé, diminue son train de vie, contracte des emprunts gagés sur sa liste civile, accepte des traites... On raconte que sa famille s'en inquiète et, après un conciliabule, prie son oncle, le prestigieux duc d'Aumale, de le ramener à la raison. Le duc, interpellé à la sortie de cet entretien, admet n'avoir obtenu aucun résultat, mais confesse penaud que son royal neveu l'a persuadé de souscrire une participation importante dans une affaire congolaise.

Pourtant la charge devient trop lourde et en 1890, l'Etat indépendant du Congo obtient un prêt de 25 millions de la Belgique qui pourra, dix années plus tard, soit annexer le Congo, soit exiger le remboursement de cette somme.

En Belgique les esprits changent et l'entreprise solitaire d'un grand roi devient en 1908 une entreprise nationale où beaucoup de citoyens donneront le meilleur d'eux-mêmes en allant servir et mourir dans cette terre lointaine.

Mais dans leur ensemble les Belges se préoccupent peu des problèmes d'un Congo, qui pour l'essentiel, sera gouverné par l'administration, les missions et les grandes sociétés.

G.K.

Le Roi LÉOPOLD : Au début d'avril 1925, à l'âge de 23 ans, je m'embarque à Anvers avec le major Raquez sur l'*Anversville*, de la Compagnie Maritime Belge, à destination de Matadi. Ce voyage, qui devait durer dix mois, était la réplique de celui que mon père avait effectué en 1908 avec entre autres M. Malfait et le baron de Moor. A cette époque, notre professeur de géographie, Monsieur Plas, nous avait fait reporter sur une carte les diverses étapes de ce voyage, les trajets en bateau, en chemin de fer, à pied...

C'est maintenant mon tour et, lors de nos adieux à Anvers, mon père me rappelle avec son soin habituel les différents problèmes congolais sur lesquels il voulait que je me penche particulièrement.

La traversée prend trois semaines et j'ai l'occasion de parler longuement et en toute liberté avec plusieurs coloniaux. Mon voyage avait été minutieusement préparé, principalement avec l'ancien gouverneur général Maurice Lippens, mais je souhaitais, entendre au plus tôt tous les sons de cloche.

La capitale du Congo était encore Boma où le gouverneur général, un ancien magistrat, m'offre l'hospitalité à la bonne franquette dans la meilleure tradition coloniale. Son épouse, chaleureuse et maternelle, ne veut pas laisser à ses boys le soin de défaire mes valises et s'occupe elle-même de moi.

Un premier tour de trois semaines dans le Mayumbe me permet d'admirer la forêt tropicale qui recouvre tout ce territoire. Les dirigeants des sociétés d'exploitation forestière et les planteurs m'exposent tous les problèmes que posait l'amenée des bois, par transport ou par flottage, jusqu'au fleuve. Est-il, par exemple, opportun — c'est-à-dire économiquement rentable — d'augmenter l'écartement des voies du petit chemin de fer allant de Boma à Tshela ?

Un autre chemin de fer allait bientôt retenir mon attention et surtout mon admiration, celui qui affronte mille obstacles pour relier Matadi à Léopoldville. Je tente de me faire une opinion sur l'électrification de cette ligne et visite de façon approfondie la centrale de l'Inkisi.

A Léopoldville, la prison retient aussi mon attention et j'y déplore les mauvaises conditions d'hygiène. Un nouveau bâtiment était heureusement en construction. Un autre problème va également me captiver : mon père voulait qu'un médecin soit à mes côtés durant mes pénétrations dans la brousse et je retrouve ainsi le docteur Mouchet. Ma santé ne lui donne, heureusement, aucun tracas et il a tout le loisir de me faire part de son perpétuel souci, l'amélioration de la santé des indigènes.

Je visite donc avec le docteur Mouchet les hôpitaux de Kinshasa dont il m'a signalé les lacunes. Mais le grand problème, pour lui, est ailleurs, et consiste à renforcer le cadre des médecins itinérants, les médecins de brousse.

Mouchet s'est efforcé plus tard de faire parfois coïncider mes déplacements dans la brousse avec les circuits de ces médecins et je ne puis assez dire mon admiration pour leur compétence, leur dévouement et leur énergie. Ces médecins, qui étaient souvent de nationalité italienne accomplissaient des tournées de plusieurs semaines à pied, séjournaient dans des villages indigènes, soignaient, opéraient, accouchaient, vaccinaient et repartaient ensuite.

N'oubliez pas qu'il y a un demi-siècle, on ne disposait dans la brousse d'aucun de ces conforts qui, aujourd'hui, rendent aisée notre vie matérielle : eau courante, éclairage électrique, frigorifique, air conditionné. Un des grands problèmes était d'avoir assez de médecins de brousse et de mettre les moyens nécessaires à leur disposition.

A ce moment, il était impérieux que les grandes sociétés prennent elles aussi leurs responsabilités et créent des cliniques et des dispensaires, veillent à l'hygiène des travailleurs et de leurs familles, améliorent leurs conditions d'existence. On ne se préoccupait en effet guère d'eux au Congo de cette époque.

Les sociétés finissaient par se laisser convaincre, mais il fallait insister pour qu'elles poursuivent leur effort. Il fallait lutter systématiquement contre la maladie du sommeil, la trypanosomiase, la malaria, la tuberculose et la pneumonie. On avait constaté que ces dernières maladies étaient très fréquentes dans les camps militaires où sont réunis des soldats venant de toutes les régions du Congo et qui se contaminent les uns les autres. Il fallut supprimer ces grands cantonnements et laisser les soldats groupés selon leurs régions d'origine.

D'autres maladies peuvent être guéries si elles sont soignées en temps opportun. Mouchet me fournit un exemple frappant de la frambezia, maladie donnant d'affreuses pustules. Lors de la première étape de notre trajet à pied depuis le fleuve jusqu'au lac Léopold II, il aperçoit une jeune indigène souffrant de cette maladie. Aucun médecin n'était sur place et le traitement prenait une bonne semaine. Mouchet commence aussitôt sa série d'injections et fait prendre place à sa patiente dans notre caravane afin qu'il puisse tous les soirs renouveler son traitement. Je vois, jour après jour, régresser les pustules : la jeune fille est guérie lorsqu'elle nous abandonne pour retourner, sans problème, dans son village.

J'aimais et j'aime encore marcher. Une seule fois, je fus porté en *tipoye*. C'était encore au Mayumbe, au début de mon séjour, et on m'avait assuré que si je le refusais, tous devraient suivre mon exemple et j'endosserais ainsi la responsabilité de la mort certaine de tel fonctionnaire ou planteur cardiaque. Mais bien vite on sut que je souhaitais marcher et les peu valides s'abstinrent de m'accompagner.

D'ailleurs la plupart des fonctionnaires de cette colonie étaient bien portants, énergiques et gais. Je garde ainsi le souvenir de Monsieur Duchène, à l'époque gouverneur de l'Equateur, qui m'accueille à la limite de sa province. C'est un homme très haut en couleur, intelligent et bon marcheur. Il est accompagné de son corpulent ami Monsieur Jadot, procureur du Roi, auteur, entre autres, d'un livre de poèmes, *Sous les manguiers en fleurs*.

Les deux amis sont alertes et optimistes, détendus et ravis de ces marches en colonnes. Nous étions assez nombreux : le major Raquez et le docteur Mouchet ne me quittent jamais et nous sommes accompagnés des autorités locales, de quelques officiers et soldats de la force publique, de boys et de 50 à 60 porteurs. Cela représente beaucoup de monde, mais aussi un certain confort. Plus tard, je ferai des voyages semblables en Papouasie ou au Brésil, mais nous serons trois ou quatre seulement, sans tente, sans lit et avec un simple hamac, sans regretter la caravane africaine et ses cinquante porteurs.

Nous partions à l'aube, marchions pendant vingt ou vingt-cinq kilomètres et le camp était installé vers midi. L'après-midi, seul ou presque seul, je m'enfonçais dans la forêt, cherchant des papillons ou des insectes. J'apprends ainsi à établir un contact humain avec les Noirs, comme plus tard avec les autres peuplades que je recontrerai.

A mon arrivée au Congo, j'avais reçu pour boy celui qui était toujours attaché aux visiteurs importants : il était parfaitement stylé et s'exprimait bien en français. Après quelques semaines, je demanderai son remplacement par un militaire de l'escorte, le caporal Gamma, qui ne parlait que le lingala et m'obligea ainsi à l'apprendre. Ces trajets en brousse ont certainement été une des plus heureuses périodes de ma vie. J'aime passionnément l'épaisse forêt équatoriale, les pluies et les orages, la nuit tropicale et ses mille bruits...

Abrégeons : il va de soi qu'au cours de ce long voyage, j'ai visité à fond les installations de l'Union Minière au Katanga et celles de la Forminière à Bakwanga, sans oublier les mines d'or de Kilo Moto que le gouverneur Moulaert menait d'une main énergique. Chaque fois j'eus l'occasion de remarquer ce que les sociétés auraient dû faire — ou auraient dû être contraintes de faire — pour améliorer l'état sanitaire des indigènes. Ainsi à Kilo Moto, j'ai regretté que l'on ait sacrifié l'agriculture à l'industrie, ce qui avait entraîné des carences dans l'alimentation des travailleurs.

Une des principales critiques du docteur Mouchet concernait l'exploitation des noix palmistes et des huileries du Congo belge, une filiale du groupe Lever. Ces sociétés avaient obtenu d'énormes concessions portant sur des millions d'hectares et cherchaient encore à les élargir en recourant à des délimitations qui se faisaient au détriment des indigènes.

D'autre part, pour récolter les noix palmistes, les sociétés ne procédaient pas à des plantations, mais se bornaient à faire cueillir les noix produites par les palmiers de la forêt. Ce qui contraignait les indigènes à une périlleuse escalade des troncs, car en forêt, les régimes se trouvent à 20 ou 30 mètres de haut. D'autre part cette politique de cueillette forçait les indigènes à vivre avec leurs familles dans des forêts insalubres où règne souvent la maladie du sommeil. Il en résultait une mortalité considérable des travailleurs et surtout de leurs femmes et de leurs enfants.

Les missions catholiques et protestantes ont joué un rôle si important au Congo qu'il est impossible de porter sur elles un jugement sans nuances. Je voudrais d'abord distinguer missionnaires et missions. L'idéalisme, le dévouement, l'abnégation des missionnaires, hommes ou femmes, ne peuvent jamais être perdus de vue et méritent qu'il leur soit rendu hommage.

Je suis plus hésitant en ce qui regarde les réalisations concrètes des missions. Ainsi j'ai été conquis par les Frères des Ecoles Chrétiennes qui s'étaient attachés, dans certains postes, à promouvoir la formation de charpentiers, plombiers, mécaniciens, tous sachant évidemment lire et écrire et s'intégrant dans la nouvelle société industrielle sans devoir rompre brutalement avec leur milieu.

D'autres missions ont voulu brûler les étapes et ont ainsi créé des déracinés en forçant les indigènes à abandonner leurs traditionnelles valeurs culturelles et morales. Je dois à la vérité de préciser que cette erreur ne m'est pas apparue aussi clairement lors de ce voyage de 1925, mais deux constatations faites plus tard ont contribué à forger mon opinion actuelle.

Trente ans plus tard, descendant le Rio Negro qui parfois suit le cours de l'Equateur et parfois trace la frontière entre le Brésil et le Vénézuela, j'arrivai à la mission Saint-Gabriel, admirablement située sur une colline au bord de la rivière. Du haut de la tour de la mission, on aperçoit la forêt équatoriale s'étendant jusqu'à la limite de l'horizon.

Sur les conseils des missionnaires, italiens et brésiliens, nous logions chez les sœurs où je fus accueilli en français par une religieuse ayant vécu un an à Marseille; elle s'empressa de me montrer l'école où une vingtaine d'Indiennes, bien soignées, proprement vêtues, apprenaient à coudre, à cuisiner, à cultiver un jardin.

Je la félicitai, mais elle me dit son regret de ne pouvoir garder ses élèves après dix-huit ans. « Que deviennent-elles alors ? » lui demandai-je. Elle me répondit : « Des prostituées. Elle ne peuvent ni ne veulent retourner vivre avec leurs tribus dans la forêt. Elles sont propres et naïves, dociles et déracinées. Elles plaisent aux commerçants et aux marins qui vont et viennent par la rivière. Alors ?... ».

Le second fait qui m'a frappé est la mésaventure du Père Le Paige. Au Congo, ce missionnaire, avant de vouloir convertir les indigènes, passait un temps considérable à s'en faire des amis et puis, au moment opportun, les invitait à lui faire le plaisir de venir prier avec lui dans son église. Il leur demandait toutefois de bien vouloir, par politesse, laisser à la porte de l'église amulettes et talismans qu'ils reprendraient à la sortie. Le Père Le Paige parvenait ainsi progressivement à christianiser des indigènes sans leur imposer de rompre brutalement avec leur milieu traditionnel.

Après l'inspection d'un supérieur, cette pratique a malheureusement été condamnée en haut lieu et le Père Le Paige, après y avoir passé de nombreuses années, a dû quitter le Congo. Il vit actuellement dans l'extrême nord du Chili; il est très aimé des indiens et a fondé un remarquable musée d'antiquités précolombiennes. Je crois que le Père Le Paige avait raison et qu'il était possible et préférable d'exercer une activité missionnaire qui ne contraigne pas l'indigène converti à renoncer à ses valeurs traditionnelles et à devenir ainsi un déraciné.

Revenant du Congo en Belgique, je me suis attelé à deux tâches. Sensibilisé aux problèmes des maladies tropicales, je me rendis à l'Institut de médecine tropicale, un bien grand nom pour un baraquement en planches situé alors à Bruxelles au Parc Duden, et je fus horrifié par les conditions dans lesquelles travaillaient les docteurs Rodhain et Broden, deux praticiens de grande valeur.

Emile Francqui, alors gouverneur de la Société Générale de Belgique et lui-même ancien colonial, m'avait toujours témoigné beaucoup d'intérêt et je bavardais assez longuement avec lui lors de dîners officiels. Je lui fis part de ma préoccupation : il alla voir avec moi les docteurs Rodhain et Broden et décida d'agir. Il s'agissait de créer un nouvel institut, mais à Anvers où beaucoup plus nombreux qu'à Bruxelles, échouaient les voyageurs et les marins atteints de maladies tropicales.

La province d'Anvers avait précisément vu trop grand lors de la construction d'un vaste bâtiment dont elle n'avait pas l'emploi. Francqui en négocia immédiatement le rachat. A ce moment, fonctionnait à Hambourg un très bon institut pour les maladies tropicales et j'estimai essentiel de le visiter afin que nous puissions nous en inspirer. Mais une visite officielle ou privée de ma part aurait posé de sérieux problèmes politiques, même sept ans après la fin de la guerre. Notre consul général à Hambourg me fit savoir que si je voulais visiter de façon approfondie cet institut, il faudrait me faire passer pour un personnage officiel. Je fus donc présenté comme étant un jeune député et je revins de Hambourg avec des idées fort précises sur l'organisation d'un tel institut, notamment quant aux laboratoires et aux animaux, singes et autres, dont les savants devaient pourvoir disposer.

Moins d'un an plus tard, l'Institut de Médecine Tropicale d'Anvers fonctionnait et il n'est nul besoin de rappeler l'excellente réputation, tant sur le plan médical que scientifique, dont il jouit dans le monde entier. Je m'étais adonné de tout cœur à cette tâche et je suis encore fier d'avoir pu, notamment grâce à Francqui, la mener à bonne fin.

Ma seconde conclusion tient dans le rapport que je présentai à mon père. Me rappelant qu'en vertu de la Constitution, j'étais non député, mais sénateur de droit, il m'engagea à développer mes idées dans mon premier discours au Sénat. Vous le retrouverez aux *Annales parlementaires*. Ceci me donne l'occasion de souligner l'originalité et l'importance de l'article 58 de notre Constitution selon lequel les fils du Roi, ou à leur défaut les princes appelés à régner, sont de droit sénateur à l'âge de dix-huit ans avec voix délibérative à partir de vingt-cinq ans.

Je ne crois pas qu'une autre constitution monarchique comporte une telle disposition dont l'utilité me paraît évidente. Je crains même de n'en avoir pas tiré tout le parti possible : si j'ai en effet prononcé quelques discours au Sénat, j'ai seulement eu, à ces occasions, des contacts protocolaires avec mes collègues. Il me semble qu'un prince héritier ne devrait pas se contenter d'assister à des séances où les parlementaires tiennent les rôles que la politique leur impose; il serait bon qu'il participe à des réunions de commissions et s'attarde quelque fois dans les couloirs — j'allais dire dans les coulisses — où les sénateurs peuvent franchement et librement exprimer leurs opinions.

Les princes héritiers parviendraient ainsi à démonter le mécanisme interne du jeu politique, à comprendre le fond des choses et à connaître les hommes qui seront leurs ministres ou les dirigeants de l'opposition.

A mon retour du Congo, mon père me reconnut une certaine compétence dans ce domaine et, dérogeant à ses habitudes, il me tint au courant des problèmes coloniaux, voire me consulta.

Un voyage d'étude aux Indes néerlandaises devait me permettre, estimions-nous, d'approfondir mes connaissances et de bénéficier de l'expérience acquise par nos voisins hollandais depuis trois siècles. Je fus évidemment conquis par la beauté de ces îles enchanteresses que sont Java, Sumatra, Bali... mais je m'y intéressai surtout aux problèmes agricoles et à quelques autres. J'avais été frappé, au Congo, par les difficultés de la cueillette en forêt des noix de palme et je constatai qu'en Indonésie, les Hollandais plantaient systématiquement des palmiers elæis particulièrement bien sélectionnés, dont les régimes ne se trouvaient pas à plus de deux mètres du sol et pouvaient donc être cueillis sans difficulté. Je m'évertuai dès lors à convaincre les producteurs congolais d'huile de palme de créer de belles plantations qui ramènent la cueillette au niveau d'une vendange et évitent aux malheureux indigènes des séjours insalubres en forêt tropicale et les risques de ces spectaculaires mais meurtrières escalades de troncs de palmiers à plus de vingt mètres du sol.

Tout l'aspect scientifique de l'agriculture équatoriale me passionnait et je mis tout en œuvre afin que la Belgique y consacre de plus grandes ressources en argent et en techniciens. Le développement du paysannat indigène me paraissait essentiel : il fallait que le Congo subvienne à ses besoins alimentaires et puisse aussi exporter des produits agricoles provenant de petites exploitations appartenant à des indigènes. Je voyais dans ce paysannat noir l'embryon d'une classe moyenne qui pouvait en outre apporter au pays une certaine stabilité sur le plan politique et amorcer de nouveaux développements.

J'estime aussi, mais malheureusement je ne serai pas écouté, qu'il convenait de faire accéder progressivement les indigènes à l'administration de leur pays, en commençant sans doute par des fonctions subalternes, mais en leur montrant ainsi qu'aucune considération raciale n'empêcherait leurs progrès.

Laeken, le 25 novembre 1925.

Mon bien cher Léopold,

Je viens t'exprimer mes voeux les plus affectueux pour la nouvelle année et en même temps te féliciter chaleureusement pour l'heureux aboutissement de ta superbe randonnée en Afrique, certes la plus complète entre celles entreprises par des non professionnels des colonies. Cet examen approfondi du Congo te conférera une force et une supériorité dont il faudra savoir user pour le prestige monarchique et l'avancement des possessions belges d'Afrique.

J'ai à te remercier bien sincèrement des intéressants récits que tu nous a envoyés, la lettre journal d'Hébo et du Lac Kisale du 1er sept (Les précédentes ont été mentionnées dans nos lettres). Ces recueils synthétiques nous ont vivement intéressés et réjouis par les impressions favorables émises sur les richesses et aussi les entreprises là bas. Nous sommes bien contents aussi de la satisfaction et de l'agrément que te procure ce voyage.

Ici, la situation financière reste grave, l'héritage du Ministère Theunis a été plutôt lourd, ½ milliard de déficit. On va tenter de stabiliser le frs au moyen d'un emprunt que les banquiers américains hésitent beaucoup à nous faire.

Notre excursion aux Indes Anglaises a été des plus intéressantes, nous y avons pris tous deux un très grand plaisir. Nous sommes revenus par Ceylan où il y a une merveilleuse végétation et nous avons arrêté à Malte sur l'invitation de l'Amiral Keyes pour visiter la flotte de la Méditerranée (15 cuirassés, 35 croiseurs et contre torpilleurs).

Tantôt je pars pour Londres assister aux funérailles de la Reine Alexandra qui vient de mourir.

La famille va bien, Maman a parfaitement supporté le voyage aux Indes où il y a beaucoup de maladies surtout dans la saison chaude et pluvieuse. Charles est à Greenwich, Marie

José travaille et a passé 15 jours à Raccomiggi à l'occasion du mariage de Mafalda avec le Prince de Hesse.

Au revoir, bien cher Léopold, bonne santé et agrément pendant le reste de ta pérégrinàtion, en t'embrassant

toujours

Ton tout dévoué papa

Albert

Nous avons vu le Comt Olsé à Marseille à notre retour.

15 mars 1932

Bien cher Léopold,

Quelques mots pour te dire que nous suivons de loin avec un intérêt continu votre beau voyage qui constituera un précieux acquis pour tes connaissances coloniales.

Ici mon petit déplacement est maintenant décidé et sauf imprévu tout à fait imprévisible, je compte partir mercredi prochain 23. Van Straelen a réuni une quantité de documents et à le voir ainsi à l'œuvre, je me rends compte du concours qu'il a dû t'apporter lors du voyage de Java.

Je suis fort heureux qu'il m'accompagne.

Je n'ai pas manqué de voir Derocheid qui maintenant déclare qu'il n'y a encore rien de fait au P. N. que les mesures prises sont restées lettre morte là bas et qu'il faut maintenant commencer une action énergique et méthodique, j'ai l'impression qu'il est très désireux d'être conservé et que ce que tu lui as dit lui a fait impression, je pense que tu en obtiendras ce que tu veux, mais il ne faut pas le laisser échapper et le laisser aller de son côté.

Cela t'intéressera peut être de savoir que j'ai retrouvé le fameux canif à Marche les

Dames, j'ai été photographiée l'autre jour et il était resté au pied de la petite cheminée, cela m'a fait grand plaisir de rentrer en possession d'un cadeau que tu m'avais fait et auquel je tenais beaucoup.

Maman a la grippe, mais cela ne parait pas grave, sans cela elle comptait écrire un mot.

Voilà Hindenburg en ballottage avec Hitler. Le 10 avril, second tour de scrutin ce sera un événement important.

Et le suicide de Kreuger, cela a causé une émotion énorme partout, quelle fantastique carrière et combien dommage de voir un pareil homme échouer.

Au revoir bien aimé Léopold,
Et moi vous embrassons de tout
cœur

Ton tout dévoué padre et ami

P.

Chapitre V

LA FIGURE DU PERE

Connaissant la date exacte de sa naissance — ce qui n'est point le cas de toutes les nations — la Belgique est, en 1930, tenue d'en commémorer le centenaire.

Le Théâtre royal de la Monnaie offre, évidemment, une représentation de gala de La Muette de Portici. *En regardant défiler de somptueux cortèges où fringants cavaliers et craintives amazones incarnent Philippe le Bon et Marie de Bourgogne, Charles Quint et l'Infante Isabelle, les enfants des écoles apprennent l'histoire et reçoivent, s'ils ont été sages, des soucoupes gravées « 1830-1930 ». Les descendants des membres du Congrès National de 1830 sont anoblis.*

La famille royale se trouve au centre des réjouissances. L'image guerrière, parfois lassante pour lui, du Roi-Chevalier commence à s'estomper derrière la réalité rassurante et humaine d'un roi Albert doté de ces qualités que les Belges apprécient entre toutes : le sérieux et la simplicité.

Aux côtés du roi et de la reine, un jeune et rayonnant couple attire tous les regards : le prince Léopold, duc de Brabant, et son épouse la princesse Astrid de Suède, arrière-petite-fille du maréchal Bernadotte, qui fournit l'image radieuse de la beauté et du bonheur.

Toutefois les réjouissances officielles ne parviennent pas à dissiper un profond sentiment d'inquiétude. La crise boursière de 1929 entraîne déjà, dans son sillage, une crise économique sans précédent et dont les retombées sociales et politiques soufflent en bourrasque sur les fragiles démocraties parlementaires. Dans les années suivantes s'installent partout, en Europe orientale et centrale, des régimes autoritaires, la démocratie ne parvenant à survivre, précaire et contestée, qu'en Suisse et dans les états riverains de l'Atlantique Nord qui forment le glacis continental de la Grande-Bretagne.

Scandée par le martèlement sur le pavé des bottes de ses sections d'assaut, la marche victorieuse d'Adolf Hitler vers le pouvoir révèle l'importance et l'acuité de la menace allemande. La Belgique reste résolue à y faire face, mais avec quels alliés ? Et sur quelle ligne de défense ?

La Grande-Bretagne estime suffisants les engagements qu'elle a contractés envers la Belgique par le Pacte de Locarno et ne veut pas faire davantage. La France reste notre fidèle et meilleure amie, mais deux hypothèques continuent à peser sur cette alliance. La France a conclu des pactes d'assistance mutuelle avec la Pologne, la Yougoslavie, la Tchécoslovaquie, la Roumanie... Ne risquons-nous pas d'être entraînés dans un conflit généralisé le jour où la France serait amenée à tenir ses engagements et attaquerait l'Allemagne pour secourir ses alliés d'Europe centrale ?

La plus grande partie de l'opinion publique belge estime que notre pays doit éviter de se trouver impliqué dans un conflit qui ne le concernerait pas directement et doit refuser une intervention des troupes françaises aussi longtemps que notre territoire n'est pas envahi.

Cette position provoque la seconde difficulté, dans le jeu de l'alliance : sur quelle ligne l'armée belge va-t-elle, avec le soutien aussi rapide que possible des forces françaises, affronter l'éventuelle invasion allemande ?

Deux stratégies s'opposent : l'une voudrait que le gros des forces soit étiré le long de la frontière allemande et tente ainsi de protéger l'ensemble du territoire national. L'autre thèse préconise une défense en profondeur, appuyée sur les obstacles naturels que sont la Meuse, le canal Albert, l'Escaut...

Le débat ne se cantonne pas sur le terrain de la stratégie, mais devient politique au plus haut point. Les Wallons n'admettent pas que des parties de leurs provinces soient abandonnées à l'ennemi et reprochent aux partisans d'une stratégie en profondeur de vouloir défendre uniquement la partie flamande du pays.

Leurs adversaires répondent que la petite armée belge accrochée à la frontière sera réduite avant que n'arrivent les troupes françaises. Il convient donc, réplique-t-on de l'autre côté, que les troupes françaises n'attendent pas l'entrée des Allemands en Belgique pour nous porter secours. Mais ainsi vous rendez inévitable la participation de la Belgique à la prochaine guerre, alors que nous pouvons espérer y échapper...

La discussion se poursuit pendant des années, sautant sans cesse de la stratégie à la politique, divisant les généraux; elle risque d'engendrer — ce qui est encore plus grave — deux conceptions divergentes, l'une wallonne et l'autre flamande, de notre politique étrangère.

La nation sent confusément que le roi Albert lui indiquera, en temps opportun, la voie à suivre.

G.K.

Le Roi LÉOPOLD : Mon père ne me tenait pas au courant, régulièrement tout au moins, des problèmes de politique étrangère ou intérieure. Mais d'autre part, et je l'ai déjà dit, il s'est beaucoup soucié de mon éducation et a veillé lui-même au respect des instructions données à Vital Plas et à mon gouverneur. C'est ainsi que durant des vacances, à Cortina d'Ampezzo, en 1913, je n'avais pas dit toute la vérité dans une minuscule affaire concernant un crayon; mon père dit aussitôt au gouverneur de mon frère : « Léopold a menti. Il ne sortira pas cet après-midi. Punissez-le et veillez à ce qu'il travaille ».

Le gouverneur m'emmène et m'enjoint immédiatement de recopier quatre cents fois « Je suis un affreux menteur et je demande pardon à mes parents ». Etait-ce la bonne méthode ? J'en doute, car cette punition, quoique méritée, n'était ni intelligente, ni efficace.

Les vacances à Cortina me remettent en mémoire un autre souvenir des réactions de mon père. En 1908, je crois, nous déjeunions à l'Hôtel Bellevue en compagnie d'un ami de mes parents, l'ingénieur Charles Lefébure qui avait converti mon père à l'alpinisme. De but en blanc, mon père me demande : « As-tu envoyé une carte postale à Monsieur Plas ? » Sur ma réponse négative, il m'ordonne d'aller chercher une carte et de l'écrire séance tenante. J'avais 6 ou 7 ans et je gribouille de mon mieux : « Cher Monsieur Plas, nous sommes à Cortina et je m'amuse beaucoup ». Je ne sais plus comment j'ai orthographié le mot « beaucoup », mais ce ne devait pas être orthodoxe, car mon père était furieux et Charles Lefébure de surenchérir : « Comment peux-tu écrire aussi mal à ton âge ». Mon père était bon, mais sévère. Pourtant, ce n'est pas sa sévérité que je regrette, mais plutôt ses conséquences, en ce sens qu'elle m'a souvent fait perdre ses moyens, privé d'assurance et rendu timide.

Il me reprochait d'ailleurs cette timidité. A La Panne vers 1915, nous prenions régulièrement le petit déjeuner à trois, mon père, le Commandant Galet et moi. Je ne parlais pas et un matin mon père m'interpelle, se fâche en me reprochant de n'avoir jamais rien à dire. C'était le meilleur moyen de me paralyser totalement.

Mal à l'aise avec mon père, je trouve, durant ces années d'enfance, beaucoup d'amour et un grand réconfort auprès de ma mère. Pour d'autres, Belges et étrangers, elle est figée dans ses images d'infirmière de l'hôpital de l'Océan à La Panne ou de protectrice des arts et des lettres, mais pour moi, elle demeure une mère, dans le sens le plus noble du terme, une mère qui durant toute sa vie m'aura aidé, protégé et aimé.

Ma mère était Wittelsbach et j'éprouve une certaine fierté à rappeler que son père, Charles-Théodore, duc en Bavière, avait fait des études de médecine, s'était spécialisé en ophtalmologie et soignait les malades indigents de Munich.

J'ai peu connu ma famille maternelle, car la guerre a creusé pendant plusieurs années un fossé entre eux et nous. Ainsi ma mère dut, après l'armistice, attendre deux années avant de revoir sa propre mère et encore ce fut-il incognito et à Venise. Le contraste entre les deux après-guerres est frappant : quelques années après leur reddition de 1945, les troupes allemandes étaient alliées aux nôtres, alors que longtemps après 1918 on parlait encore de « sales boches ». Mais tel était le sort de toutes les maisons régnantes dont les liens familiaux subissaient si durement l'épreuve des nationalismes exacerbés.

Tout le monde connaît la part immense que ma mère a prise dans le développement en Belgique des arts et des lettres. Elle a connu, aimé et soutenu toutes les grandes figures de notre époque : Verhaeren, Ysaye, Maeterlinck, Claudel, Saint-Saëns, Cocteau, Einstein... Et j'en passe. Elle-même jouait du violon, fort bien selon les connaisseurs. Plus tard elle s'est adonnée à la peinture et à la sculpture. Mon éducation musicale l'a peut-être déçue : après m'avoir fait travailler le violon pendant deux ans elle m'a mis au piano et je suis arrivé à jouer la première sonate de Clementi ! Si je n'en joue pas, j'aime entendre de la musique, sans prédilection particulière pour tel compositeur ou tel genre. Je trouve du plaisir à écouter un enregistrement de l'Opéra de Vienne et aussi la musique « pop » qui plaît à mes filles.

Mon père aimait certes accompagner son épouse au concert, mais à son heure. Lorsqu'il avait travaillé dans son bureau, il éprouvait le besoin de se dépenser physiquement et la musique n'était pas alors le délassement espéré. Il préférait faire une promenade de son long pas rapide.

Je dois à mes parents, entre autres choses, l'amour de la nature et mon penchant pour les sciences naturelles. Avant la guerre de 1914, comme je l'ai dit, nous passions souvent nos vacances dans les Dolomites et nous nous trouvions à Cortina d'Ampezzo lorsque mes parents décidèrent d'entreprendre une course en montagne qui devait durer deux jours. Je dis à ma mère, en pleurant, mon chagrin de la voir partir et de rester seul à m'ennuyer à l'hôtel pendant quarante-huit heures. Assise dans l'herbe, à côte de moi, elle me consola tendrement : « Mais Léopold, il n'est pas possible qu'un garçon comme toi s'ennuie dans un aussi beau pays où tu as tant de choses à découvrir. Regarde ce petit coin d'herbe. Si tu l'observes, tu vas découvrir tout un monde qui y vit : les fourmis, d'autres petits insectes, des vers, de minuscules fleurs ».

C'est peut-être de ce court instant que date mon grand intérêt pour l'histoire naturelle, intérêt que m'ont enseigné mes parents.

Ma mère ne parlait pas politique et elle s'y intéressait dans la seule mesure où une épouse attentionnée se sent concernée par les problèmes qu'affronte son mari. Ainsi, j'ai été surpris d'apprendre qu'un journaliste américain, Robert Manchester, dans son beau et récent livre *Le rêve et la splendeur*, soutient qu'Einstein, ami personnel de ma mère, aurait sollicité son intervention auprès de Roosevelt afin qu'accordant au savant physicien l'audience espérée, le président soit convaincu de l'importance militaire des recherches nucléaires. Je n'ai pas trouvé trace d'une telle démarche dans les papiers de ma mère et je l'imagine d'ailleurs mal dans le rôle de marraine de la bombe atomique.

*
**

Nous étions assez proches de nos parents, aussi proches que le permettaient les usages de l'époque. Mon père voussoyait ses parents. Mes parents me tutoyaient, mais moi je devais les voussoyer. L'évolution est achevée, car je tutoie mes enfants qui font de même à mon égard.

Le protocole n'est pas un obstacle aux relations familiales; il est ce qu'on veut qu'il soit. Mon père l'avait réduit au minimum et il était excédé par les courbettes ou les claquements de talon. Lorsqu'il quittait Laeken pour se rendre au Palais de Bruxelles, il devait normalement traverser plusieurs salles où se trouvaient des gendarmes, des huissiers, un maître d'hôtel... Aussi souvent passait-il plutôt par son cabinet de toilette afin d'éviter ces salamalecs.

Nous prenions nos repas avec nos parents et nous pouvions librement participer à la conversation, au risque toutefois de nous attirer une remarque de mon père si l'on avait dit une bêtise ou un enfantillage.

Les jeunes gens d'aujourd'hui ont peine à imaginer ce qu'étaient à l'époque de mon enfance et de mon adolescence, et dans toutes les familles, les rapports entre parents et enfants, l'autorité incontestée du père, la déférente soumission des fils. Mais pour comprendre mon cas particulier, il ne faut pas non plus perdre de vue le caractère exceptionnel, le caractère unique de ce véritable couple indissoluble constitué par un roi et son prince héritier. Le roi ne peut, sans créer de graves problèmes, choisir un autre héritier et il doit donc accepter son fils tel qu'il est, tel qu'il croit pouvoir le façonner. Le fils ne peut non plus échapper à son destin et sait que son heure ne sonnera qu'un jour de deuil. Ils sont ainsi attachés l'un à l'autre par des liens auxquels échappent les autres citoyens.

Lorsque j'arrive à l'âge adulte, mes relations avec mon père se détendent, grâce notamment à l'alpinisme. Ce sport satisfait son besoin de se dépenser physiquement et son goût pour la solitude. Il était aussi heureux de ses contacts avec les montagnards, avec qui il parlait librement de leur métier, de leurs soucis.

En 1924, peu avant mon départ pour le Congo, mon père me propose de l'accompagner dans les Dolomites. J'accepte avec enthousiasme et mon père m'annonce que nous partirons le lendemain à 4 heures du matin pour l'escalade du Campanil Toro. Je m'imaginais que nous serions conduits par un guide, mais je m'aperçois que mon père entend faire cette ascension en cordée à nous deux.

Je suis inquiet, la vision de mon père accroché au-dessus de moi par quelques prises difficiles m'inspirait beaucoup de crainte. Mon père s'en est rendu compte. J'ai eu peur de lui dire que ce qui m'inquiétait était de le voir partir ainsi sans guide, en été, puisque j'étais si inexpérimenté. Son mécontentement éclate le soir : il décide de faire une autre course le lendemain avec l'hôtelier, mais toujours sans guide et me dit brusquement : « Si tu n'aimes pas la montagne, va-t-en, voici de l'argent pour ton train qui part à sept heures ». Je m'en vais profondément malheureux et deux heures plus tard je me trouve à Padoue. Je m'asseois dans un parc public et je suis tellement bouleversé par cette querelle avec mon père que j'y passe la nuit... sur un banc.

Après mon retour du Congo, je me mets sérieusement à l'alpinisme et je fais avec plaisir quelques courses dans les Dolomites. J'en parle à mon père qui ne le savait pas. Je vois que cela lui fait plaisir. Il m'offre d'escalader avec lui des rochers dans la vallée de la Meuse. Nous fûmes l'un et l'autre heureux de ces retrouvailles. La montagne nous avait réunis. Elle allait plus tard nous séparer définitivement.

Souvent, même après mon mariage, il me téléphonait pour savoir si je pouvais disposer d'un peu de temps. Dans son bureau obscurci par l'épaisse fumée de ses cigares, je le retrouvais assis dans son fauteuil à bascule et entassant sur le sol, à côté de lui, les journaux belges et étrangers qu'il venait de parcourir. Il m'adressait un large sourire, détachait de son perchoir le grand perroquet venu d'Amérique du Sud afin de lui donner l'occasion de s'amuser à réduire en lambeaux quelques pages de journal, et puis nous partions escalader des rochers à Freyr ou à Marche-les-Dames. Il était heureux et détendu, mais préférait ne pas me parler, alors, de son métier. C'était un moment de détente; j'étais un camarade d'escalade et non un disciple ou un successeur.

Là réside sans doute la plus grave lacune de mon éducation : mon métier de roi me fut enseigné par des professeurs compétents et dévoués, mais mon père ne put me faire part de son expérience personnelle. Il eût pu m'initier progressivement à la manière de résoudre une crise politique, à l'art de faire partager ses vues par ses ministres, aux arbitrages délicats entre les dirigeants politiques et les chefs de l'armée...

De tout cela nous n'avons, hélas, jamais parlé. Je ne lui en fais toutefois aucun grief, car vraisemblablement il ne pouvait imaginer que sa succession s'ouvrirait dans un avenir aussi rapproché. En parfaite santé, comment eût-il prévu le tragique accident de montagne dont il serait victime le 17 février 1934 à l'âge de 58 ans ? Ainsi, si mon père s'occupa scrupuleusement de mon éducation, le destin ne lui permit pas de s'occuper de ma formation.

De nombreux et savants manuels de droit public précisent les droits et devoirs d'un monarque constitutionnel, mais ils ne visent jamais, pour reprendre une image familière, que la partie apparente de l'iceberg, c'est-à-dire les pouvoirs reconnus au roi, tels la nomination des ministres et particulièrement du premier ministre, la signature des traités, la promulgation des lois et arrêtés, le commandement de l'armée...

Mais aucun ouvrage ne dit comment le roi s'acquitte de sa mission essentielle, conseille, stimule, avertit ses ministres. C'est la partie immergée de l'iceberg et la difficulté tient au fait qu'elle reste immergée, que les citoyens ne savent que rarement les conseils, les avertissements qui ont été prodigués par le roi à ses ministres.

Ainsi, pour prendre un exemple volontairement anodin, si le roi estime qu'après une catastrophe nationale les victimes d'un grave sinistre ne sont pas assez rapidement aidées ou secourues, il demandera au ministre compétent d'obtenir plus de diligence de la part de ses services. Mais quel que soit le résultat de cette stimulation, il ne convient pas que le public en prenne connaissance et sache que tel ministre a été stimulé par le roi, ou pis encore, que les stimulations du roi seraient demeurées vaines.

Nul ne peut non plus définir l'autorité qui s'attache à ces conseils et avertissements du roi, car celle-ci est essentiellement fonction de la personne même du roi, de la sagesse de son jugement, de l'ampleur de sa vision. Et ici interviennent trois atouts capitaux dont le roi peut tirer un grand parti.

D'abord il peut, assez rapidement, acquérir une vaste expérience des choses et des hommes. Le roi se trouve en effet au centre de l'écheveau politique dont il voit, jour après jour, se dénouer les fils et il sait mieux que quiconque, pourquoi telle décision a été prise, pourquoi telle mesure n'a pas été réalisée. Lorsque peu de temps plus tard, hélas, une autre équipe ministérielle sera confrontée avec le même problème, le roi connaîtra ce dossier sans doute mieux que les nouveaux ministres qui bénéficieront utilement de son expérience.

La connaissance des hommes d'Etat est également un avantage considérable dont jouit le roi, surtout à une époque où les questions les plus importantes sont réglées par des contacts personnels entre chefs d'Etat. Et la position centrale de Bruxelles doit ainsi permettre au roi de se faire assez vite une opinion sur les hommes dont dépend la paix de notre monde. Ne croyez pas qu'une telle expérience ne serait acquise qu'après de nombreuses années de règne : de nos jours les choses vont si vite, les ministres et les présidents se succèdent à un rythme si accéléré qu'un jeune roi pourra, après quelques années déjà, accumuler un trésor de connaissances.

Le deuxième atout dont dispose le roi dans ses relations avec ses ministres, est qu'il est « autre ». Il ne fait partie d'aucun parti ni d'aucun groupe de pression. Il n'a pas d'amis ni d'adversaires politiques. Il n'a besoin de personne et n'attend rien de quiconque. Il est indépendant. Cette liberté et cette indépendance lui permettent d'assumer avec autorité le rôle de gardien de la Constitution et mon père se considérait d'ailleurs comme formant, à lui seul, une Cour constitutionnelle.

Enfin, troisième atout, le roi a reçu dès sa naissance une éducation le préparant à cette fonction qui sera la sienne, sans élection ni intrigue, sans calculs ni promesses.

Le roi est ainsi un incomparable arbitre du jeu politique. Mais méfions-nous des mots à double sens, car l'arbitre, au sens juridique du terme, tranche et choisit entre deux thèses tandis que l'arbitre, au sens sportif du mot, veille au respect des règles du jeu. Le roi n'est pas un arbitre au sens juridique et ainsi, par exemple, il ne se prononce pas, par voie d'arbitrage sur la priorité qu'il faut donner à la lutte contre l'inflation ou au maintien du plein emploi, car c'est l'affaire du gouvernement.

Mais le roi est comparable à l'arbitre d'une épreuve sportive, car il est responsable du déroulement régulier de la partie politique, veille notamment au respect des droits de la minorité et s'oppose aux abus de pouvoir que voudrait commettre une majorité arrogante.

La presse et l'opinion considèrent aujourd'hui que la pierre de touche d'une véritable démocratie réside dans l'alternance pacifique des partis au pouvoir. Mais peut-on humainement exiger d'un président de république qu'il appelle au pouvoir, en toute sérénité, ses adversaires après en avoir évincé ses amis et partisans. Ceux-ci lui pardonneront mal son ingratitude et ceux-là resteront longtemps inquiets et soupçonneux. Cette tâche est aisée, voire routinière, pour un roi conscient, par définition, de son devoir de partager le pouvoir avec les uns, puis avec les autres.

On me pardonnera d'affirmer, pour ces motifs, ma préférence du régime monarchique sur le régime républicain. J'admets très volontiers qu'un président de république pourra être plus intelligent, plus cultivé, plus habile qu'un roi. Mais le président fera toujours partie de l'appareil politique. Le roi, lui, a l'insigne mérite d'être « autre », c'est-à-dire étranger à cet appareil envers lequel il n'a contracté aucune dette.

Et puis, le roi acquiert assez vite l'avantage de la durée, c'est-à-dire de l'expérience. J'ai tout lieu de croire que mon fils Baudouin, cinquième roi des Belges, règnera encore dans quelques années, en 1980, lorsque le pays fêtera le 150e anniversaire de son indépendance, ce qui assure à un règne une durée moyenne de trente années. Trente années ou une génération.

Enfin lorsqu'un pays connaît des tensions politiques extrêmes, la monarchie peut parfois, mieux qu'une république, barrer la route à l'aventure. Je suis convaincu que grâce à la monarchie — et particulièrement au roi Juan Carlos — l'Espagne peut aujourd'hui poursuivre, malgré les obstacles, sa route vers un régime de paix et de liberté.

Nous pouvons ainsi dégager trois règles qui devraient gouverner l'éducation d'un prince.

Il doit d'abord apprendre à comprendre intimement ses concitoyens, leurs besoins et leurs préoccupations, leurs vertus et leurs travers, mais en sachant qu'il doit toujours rester « autre », qu'il ne peut être classé dans aucune famille politique ou idéologique. Il faut ensuite que le prince, dès sa sortie de l'adolescence, soit initié à tous les aspects de la fonction royale. Il devrait ainsi être mis au courant, semaine après semaine, ou même, en cas de problème grave, heure après heure, des questions posées au roi et des réponses qu'il y donne.

Enfin il me paraît que cette éducation d'un prince héritier ne doit pas se poursuivre indéfiniment. Il faudrait, dans toute la mesure du possible, éviter qu'un roi, tel Edouard VII en Grande-Bretagne, accède au trône à soixante ans.

Je crois que la véritable égalité est celle de l'âge et il me semble qu'un prince de trente cinq ans règnerait d'abord avec des ministres dont les plus jeunes seront ses contemporains; puis plus tard, sans qu'il soit question d'une limite d'âge, il déciderait, sa succession assurée, de s'effacer lorsqu'il prendrait conscience du fossé creusé par l'âge entre lui et la majorité de ses concitoyens.

Il me paraît qu'ainsi un roi s'acquitterait au mieux de sa mission : servir en assurant la continuité.

***

Les soucis du monde s'arrêtaient au début de cette paisible vallée d'Adelboden où, en février 1934, ma femme et moi, paisibles et heureux, descendions à ski les pentes neigeuses et ensoleillées de l'Oberland bernois.

Soudain le téléphone résonne en pleine nuit : de Bruxelles, mon officier d'ordonnance, le major Van den Heuvel m'annonce, bouleversé et sanglotant, que mon père a subi un grave accident. « Priez », ajoute-t-il. Je n'ose deviner et lui demande si l'état de mon père est très alarmant. Il se borne à me répéter « Priez ».

Nous dûmes repartir en train et apprîmes, au cours du long et insupportable voyage de retour, par bribes et morceaux, l'escalade solitaire de Marche-les-Dames, l'effondrement d'une roche pourrie, la chute fatale, les recherches dans la nuit et la découverte du corps inanimé de mon père.

Souvent j'ai visité et tenté de consoler des familles éplorées, mais la douleur de ma mère dépassait tout ce que j'avais vu. Elle était effondrée. Elle maîtrisait ses pleurs, mais elle parcourait les allées du parc de Laeken afin d'y retrouver l'empreinte des pas de son mari.

Tous les Belges qui ont vécu et ressenti ces jours de deuil, gardent le souvenir, j'en suis convaincu, du poignant retour du corps de mon père au palais de Bruxelles. Quittant, au crépuscule, le château de Laeken, le cortège funèbre, marchant au pas, traverse une ville silencieuse et recueillie, obscurie et émue. Seul le piétinement des chevaux rompt le silence et seules les torches des cavaliers de l'escorte percent l'épaisseur de la nuit.

La prolonge d'artillerie où git mon père s'arrête devant la tombe du Soldat inconnu afin que, là, les trompettes sonnent l'adieu des combattants à leur chef de guerre. Cet instant, ce bref instant, fut certes un des rares moments, un des grands moments où tous les Belges communièrent dans la même émotion.

Trois jours plus tard les funérailles solennelles de mon père, en présence de nombreux chefs d'Etat et d'une foule innombrable et affligée, contrastent singulièrement avec l'enterrement, vingt-cinq ans plus tôt, de Léopold II conduit en sa dernière demeure par des dignitaires guindés et des badauds insultants et ingrats.

Le lendemain des obsèques de mon père, retentit sur toutes les lèvres et dans tous les cœurs le vieux cri, venu du fond des âges : « Le roi est mort, vive le roi ! ».

La Constitution m'impose de prêter serment devant les Chambres réunies et l'ancien usage de nos provinces veut — l'espérance remplaçant pour un jour l'affliction — que je fasse dans la capitale du royaume ma « Joyeuse Entrée ». Tout a été soudain et brutal. Je savais, depuis ma toute jeune enfance, qu'un jour je serais roi, mais pourquoi fallait-il que le drame précède mon entrée en scène ?

Par une claire et lumineuse matinée de février, je quitte, à mon tour, à cheval, le château de Laeken. Tout le long du parcours, les troupes rendent les honneurs. Une énorme foule, chaleureuse et gaie, amicale et confiante, clame son attachement à la dynastie. Devant et derrière moi, des oriflammes flottent aux lances désuètes des escadrons de cavalerie.

Un bref arrêt permet au bourgmestre de Bruxelles de m'adresser quelques mots de bienvenue. Adolphe Max, une des grandes figures du parti libéral, déporté en 1914 par l'occupant allemand, incarne la résistance civile de la Belgique et me rappelle ainsi que quinze années seulement nous séparent de la fin des hostilités, tandis que les soldats casqués et armés formant la haie soulignent l'imminence de nouveaux périls.

Poursuivant ma route par la rue des Palais et la rue Royale, je pénètre au Parlement pour prêter le serment constitutionnel. A mes yeux, ce n'est pas une formalité, c'est un acte solennel et important. Mon serment fut — et restera jusqu'à ma mort — l'engagement sincère et total de toute ma personne. Nul ne peut dire que je n'y ai pas été fidèle.

Me suis-je alors demandé quels seraient dorénavant mes rapports avec les ministres et les parlementaires, avec toute la classe politique rassemblée dans l'enceinte du Sénat et que je connaissais peu ou mal ? Une seule intention m'animait : suivre l'exemple de mon père et agir comme j'imaginais qu'il eût fait dans de semblables circonstances.

Ce souci de continuité était, à mes yeux, évident. Le Premier ministre auquel je maintiens aussitôt ma confiance, est le comte de Broqueville qui était déjà — le personnel politique belge se renouvelle lentement — le Premier ministre de mon père en 1914.

Autre signe de continuité : je garde auprès de moi le chef de cabinet de mon père, Louis Wodon, professeur de droit et libéral convaincu, grand commis de l'Etat, expert en droit constitutionnel et gardien scrupuleux des prérogatives royales.

C'est un souverain constitutionnel, conscient de ses droits et de ses devoirs qui prend congé du Parlement pour rencontrer le peuple de Bruxelles massé, à perte de vue, sur les allées et les boulevards.

Qu'attendaient de moi ces milliers, ces centaines de milliers d'hommes et de femmes qui m'acclamaient tout au long du parcours ? Que pouvais-je leur apporter ?

Il appartenait certes aux ministres et au Parlement de répondre de façon précise à leur attente, mais je pouvais, moi, me fixer une ligne de conduite et agir afin d'obtenir tôt ou tard, par mes avis et conseils et — peut-être — par mon choix des ministres, la réalisation des objectifs que je m'étais fixés.

Trois objectifs allaient guider mon action : améliorer le sort de la classe laborieuse, empêcher la guerre, veiller au progrès scientifique du pays.

Je savais combien pénible était la situation de nos compatriotes les moins favorisés. L'œuvre créée et animée par mon épouse — elle m'en parlait souvent avec beaucoup d'émotion — m'avait permis de toucher du doigt les misères et les détresses résultant de la grande crise économique.

Il me semblait que les remèdes traditionnels s'avéraient vains et qu'il faudrait, pour vinculer la crise, faire appel à des moyens nouveaux et à des hommes nouveaux. C'est dans cet esprit que j'ai accueilli avec satisfaction la constitution, quelques mois après mon avènement, du gouvernement d'union nationale dirigé par Paul van Zeeland et auquel participaient des ministres socialistes.

Mettre le pays dans la meilleure situation pour éloigner de lui la guerre, tel est le second engagement que je prends, dans mon for intérieur, envers le peuple belge.

Je comprends parfaitement que si je ne veux pas rester au stade des discours académiques, il faudra agir en faveur de la paix sur deux plans. Je devrai, d'une part, tenter de donner à notre politique étrangère une orientation qui évite au pays d'être engagé automatiquement dans un conflit auquel il peut demeurer étranger. Il faudra, d'autre part, obtenir de la nation un accroissement en hommes et matériel de notre potentiel militaire.

Je sais que la poursuite de ces objectifs aura des répercussions économiques et communautaires, sociales et linguistiques. Mais telle est néanmoins la voie dans laquelle je suis résolu à m'engager...

Laeken, le 2 décembre 1931.

Bien cher Léopold,

Si cela convient je passerai vendredi matin vers 8 heures au Stuyvenberg si le temps reste convenable. On pourrait aller à Marche les Dames et Astrid pourrait grimper la "petite Lavaredo" que nous connaissons bien et entreprendre la cheminée après.

En vous remerciant de m'avoir remplacer hier à l'inauguration du chem. d. f. électrique de Tervueren, je vous embrasse de tout cœur

A.

12 Janvier 1934

Mon cher Léopold,

Je crois qu'il faut tenter de partir demain ce ne sont que des averses espacées et il fait vite sec sur les parois. On peut d'ailleurs toujours se décider demain matin.

Pour le franchissement des 4 mètres au dessus de la dernière platteforme atteinte, je pense que l'on pourrait se munir de 2 ou 3 coins en bois pas trop grand pour mettre le pied, il me semble qu'il y a des fentes où l'on ne peut enfoncer des clous mais où un coin tiendrait assez pour marcher dessus.

Alors l'horaire pourrait être départ Laeken 7 h. arrivée Freyr 9 h. commencement de l'escalade 10 h. arrivée dernière plateforme 11 h. de 11 h à 2 ou 3 h on aurait le temps d'essayer et peut être de réussir.

Tu as un atelier ; peut être pourrais tu confectionner de ces coins ?

A.

TABLE DES MATIERES

Nous exprimons notre gratitude envers Monsieur Pierre Solvay, qui nous a autorisés à reproduire la photographie en page 95 et envers le Colonel B.E.M. e.r. A. Wilmart qui nous a autorisés à reproduire les photographies en pages 100 et 101.

Né à Bruxelles le 7 avril 1916, Gilbert KIRSCHEN est le fils de Me Sadi KIRSCHEN qui, durant la guerre de 1914-1918, défendit de nombreux patriotes devant les Conseils de Guerre allemands. En mai 1940, il est adjudant d'artillerie. Il rejoint ensuite les Forces belges en Grande-Bretagne. Officier à la compagnie belge de parachutistes (Brigade S.A.S.), il dirige en 1944-1945 deux opérations parachutées en France et une aux Pays-Bas, près d'Arnhem, aventures qu'il a contées dans « Six Amis viendront ce Soir ». Ancien bâtonnier de Bruxelles, il est actuellement Doyen de l'Ordre National des Avocats belges. Il collabore à l'action menée par sa femme, le Docteur Renée PORTRAY, en faveur des handicapés mentaux.

Imprimé en Belgique